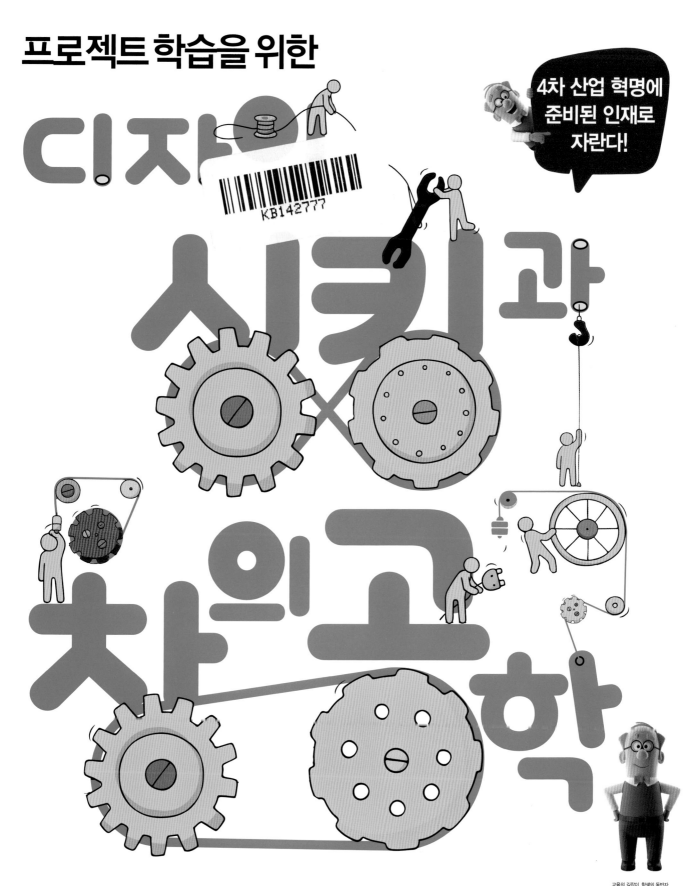

프로젝트 학습을 위한

디자인 싱킹과 창의공학

4차 산업 혁명에
준비된 인재로
자란다!

KB142777

교육의 길잡이, 학생의 동반자
(주)교학사

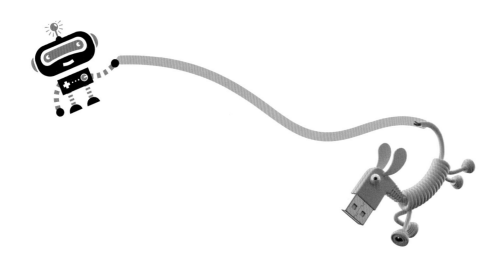

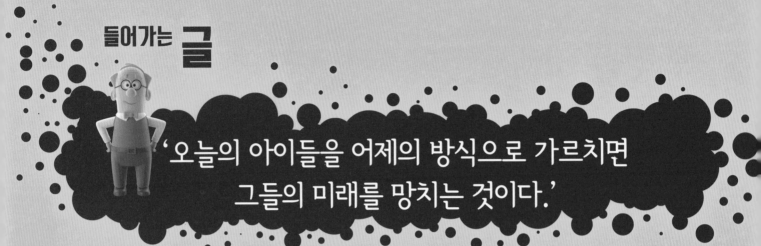

'오늘의 아이들을 어제의 방식으로 가르치면
그들의 미래를 망치는 것이다.'

교육의 아버지라고 할 수 있는 듀이가 한 말입니다. 과연 학생인 여러분들은 누구이고, 어제의
방식이란 무엇이며, 미래는 여러분에게 어떤 모습으로 펼쳐질까요?

여러분들은 어머니의 배 속에서부터 스마트하게 자라납니다. 이전 시대에 비해 받는 자극의 정도
가 다르고, 어려서부터 수많은 시각적 · 청각적 자극을 받으며 자랍니다. 로봇은 익숙한 단어이고,
아무 때나 컴퓨터와 스마트폰으로 자기가 원하는 정보를 얻고 있습니다.

그렇다면 어제의 방식이란 무엇일까요? 미래 인재로 자라날 여러분들이 오로지 책으로만 공부
하는 것입니다. 여러분들은 학교에서 배운 내용을 바탕으로 보다 자유롭고 창의로운 생각들을 해볼
수 있어야 하고, 그런 자신의 생각을 구체화할 수 있어야 하며, 자신의 아이디어를 검증하기 위해
원활하게 프로토타입, 즉 모형을 만들 수 있어야 합니다. 자신의 프로토타입을 현실화하기 위해 테
스트를 할 수 있어야 하고, 테스트를 통해 수정과 보완을 하며, 그 결과를 인류의 행복과 발전을 위
해 사용할 수 있어야 합니다.

그렇기 때문에 이 책의 활동들은 단순한 조립이 아닙니다. 조립하는 것으로는 여러분들의 미래
가 열리지 않기 때문입니다. 이 책은 4차 산업 혁명을 마주하는 여러분들이 보다 빨리 디자인 싱킹
(design thinking) 과정에 익숙해질 수 있도록 지원하기 위해 만들어졌습니다.

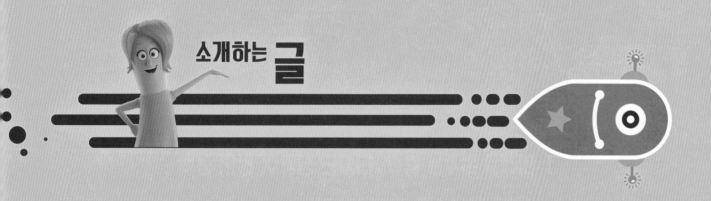

소개하는 글

이 책은 여러분들이 편안하게 읽어 내려갈 수 있도록 교양서 스타일로 구성하였습니다. 코딩 교육을 받기 전에, 로봇에 대해 공부하기 전에, 미래에 대해 보다 정확하게 이해하고 인식하는 과정이 필요하기 때문입니다.

I단원 미래에 대한 안내를 하며, 여러분들의 현재 모습을 반성적으로 돌아볼 수 있는 내용으로 전개됩니다. 왜 미래를 열기 위해 디자인 싱킹과 창의 공학을 해야 하는지, 왜 내 안에 있는 것들을 발굴해 내야 하는지, 그렇게 하면 각자에게 어떤 모습들이 나타날 것인지에 대해 이야기합니다.

II단원 디자인 싱킹의 첫 과정인 '상상하다, 백지에서 시작하는 연결'입니다. 창의적인 생각을 해 보라고 하면 부담을 느끼는 학생들이 많습니다. 세상에 정말 새로운 것이 있겠느냐고 반문하는 학생들도 있습니다. 그렇습니다. 새로움은 모방에서, 다름에서, 그리고 차이에서 발생합니다. 중요한 것은 그 과정에서 여러분의 창의적 사고로, 창의적 결과물이 나오게 하는 것이지요. 이에 대해 구체적으로 안내하였습니다.

III단원 디자인 싱킹의 꽃이라고 할 수 있는 '생각하다, 이제는 디자인 싱킹 시대'입니다. 구체적인 디자인 싱킹 과정을 안내하였고 실제로 연습해 볼 수 있도록 문제도 제시하였습니다. 안내서라고 보아도 좋습니다. 여러분들이 평소에 했던 생각들, 불현듯 떠올랐던 아이디어들이 얼마나 소중한 것이었는지 이 장에서 확인해 보기를 바랍니다.

IV단원 창의 공학의 실제입니다. 우선은 제시된 대로 만들어 보세요. 그런 다음 스스로 아이디어를 붙여 한 걸음 더 나아가 보세요. 조금 더 멀리, 조금 더 빠르게, 그리고 조금 더 안정적으로 만들어 보세요. 10가지 활동을 하고 나면 여러분들은 "이제 난 무엇이든 만들 수 있어."라고 말하게 될 것입니다.

차례

III. 생각하다, 이제는 디자인 싱킹 시대

IV. 창의 공학의 실제

I

미래를 바꾸는 융합, 디자인 싱킹 X 창의 공학

지금과 다른 미래, 어제와 같은 교육

 나 자신의 미래 준비 지수, 얼마나 될까?

여러분의 미래 준비 지수는 어떨까요?

다음 단어들은 4차 산업 혁명과 관련된 단어들입니다. 들어 본 적이 있는 단어에 동그라미 표시를 해 봅시다.

알파고　기계 학습

창의 공학　알고리즘

메이커

인공 지능　왓슨

스티브 잡스

IoT　디자인 싱킹

웨어러블 머신

> **미래 준비 지수 (Future Readiness Index)**
>
> 미래 준비 지수는 미래를 어느 정도로 준비하고 있느냐에 관련된 것입니다. 우리나라는 미래 준비 지수를 측정한 57개국 중 23위입니다.
>
> **미래 준비 지수의 영역**
> - 미래 탐색 – 교육과 정보 인프라
> - 미래 활동 – 미래에 대한 연구 및 투자
> - 미래 성과 – 미래에 대한 잠재력과 삶의 질의 증대
> - 미래 평가 – 미래 지향적 리더십

이제 두 번째 질문입니다. 위 열 한 개의 단어들 중에서 그 뜻을 알고 있는 것은 몇 개인지 체크해 봅시다. 중요 단어에 대해서는 본 장의 끝부분에 따로 지면을 마련하여 설명할게요.

총 열 한 개의 단어들 중에서 들어 본 적이 있거나 알고 있는 단어를 몇 개 체크하였나요?

앞의 단어 열 한 개를 모두 알고 있다면, 일단 미래 지수가 높은 학생입니다. 호기심을 가지고 있고, 새로운 것을 알아보고 싶은 욕구도 많은, 그리고 자신감도 많다고 할 수 있지요. 이 경우 미래 탐색 문항에서 높은 점수를 받았다고 볼 수 있어요.

앞의 단어들 중 일곱 개 이상을 알고 있다면, 그래도 뉴스를 눈여겨보고 있고 호기심이 남아 있어서 특이한 단어를 들으면 "응, 뭐지?"라는 정도로 반응하는 학생입니다. 그래서 좋아하는 일을 하고 싶어 하지요. 지금의 모습보다는 미래의 모습이 더 멋질 수 있습니다. 지금도 무엇인가에 꽂히면 어머니의 목소리가 들리지 않을 테니까요. 다시 말해 주변에서 아무리 빨리 공부하라고 해도 궁금한 것이 풀리지 않으면 다른 공부를 할 수 없는 거죠.

다음으로 앞의 단어들 중 다섯 개 정도를 알고 있다면, 아주 조금 호기심을 가지고 있지만 그렇다고 알아보고 싶어 하지는 않는 학생입니다. 호기심은 약간 있지만 관심까지 이어지는 것은 아니지요.

마지막으로 위의 단어들 중 세상에서 떠들썩하게 이야기하고 있는 단어 세 개 정도(알파고 정도?)를 알고 있는 학생이 있다면, 미래에 대한 호기심도 그다지 많지 않고 무엇인가를 알아보고 싶은 마음도 없다고 할 수 있습니다. 그러다보니 자기가 무엇을 좋아하는지도 모르게 되지요.

하항! 난 8개를 알고 있지.
기계 학습이 어렵네.
알파고는 알았는데,
왓슨을 몰랐다니…….
그래도 뭐, 거의 우리 반에서는
최고라고 할 수 있지.

난 9개.
그런 걸 보면 우리 반은
그런대로 미래 정보에
밝은 편인 것 같아.

현재를 사는 어른들, 미래를 살아갈 우리들

여러분에게 과거는 무엇일까요? 여러분들은 미래의 주인이고 앞으로의 세상을 살아갈 사람들이지요. 공상 과학 영화나 미래 사회를 다룬 많은 영화들처럼, 고도로 도시화된 환경에서 미래의 옷을 입고 하늘을 나는 자동차를 타고 다닐지도 모릅니다. 인간은 늘 그랬듯이 어제를 살았고 오늘을 살고 미래를 살아갈 것입니다. 현재를 사는 어른들에게서 배우는 정보들이나 지식이 미래를 살아갈 우리들을 준비시키는 데 충분할까요?

어른들은 감정을 가진 로봇에 대해 거부감을 가지고 있지만, 여러분들은 사람처럼 느끼고 행동하는 로봇 친구 정도는 하나 사귀고 있지 않을까요? 여러분이 생각하는 바로 그것, 그것이 여러분들의 미래가 됩니다.

> **"**
> ## 문제는 속도입니다.
> **"**

빠르게 변화가 일어나고 있지요. '그냥 시계 하나 차고 다니면서 전화도 하고 문자도 보고 그럴 수 없나?'라는 호기심을 가지면, 분명히 어느 나라에서는 바로 통화가 되는 스마트워치가 개발됩니다. 그리고는 급속도로 유행이 되지요. 10년 전에는 지하철에서 신문이나 책을 보는 사람들이 제법 많았지만, 지금은 대부분의 사람들이 스마트폰을 보고 있습니다. 로봇과 이야기를 주고받는 모습은 영화에서나 볼 수 있었던 것 같은데, 지금은 사람의 말을 알아듣고 그에 따라 기분에 맞는 음악을 틀어 주고 커튼을 쳐 주는 피플 테크놀로지 상품이 상용화되어 광고되고 있지요.

알파고와 이세돌의 바둑 경기가 온 나라를 흔들 때 잠시 인공 지능(Artificial Intelligence)에 관심을 가졌었나요? 알파고는 바둑 세계 1위 커제 9단도 완파하고 이미 바둑계에서는 은퇴하였습니다. 여러분은 지금 어떻게 하고 있나요? 지금과 다른 미래라지만 뭐가 그리 변하겠냐는 마음도 있고, 공부해야 하는 것들도 있으니 미래를 준비하기보다는 현재를 완성하고 있겠지요? 그러나 여러분들의 마음 저 구석에서는 "이게 맞나?"라는 의구심이 살짝 들기도 할 것입니다. 그저 성적이 좋고 나쁨으로 평가되는 현실에 대해 의심이 들기도 해서 살짝 짜증이 나는 날도 있을 것입니다. 미래를 이렇게 준비하라고 누군가가 정확히 알려 주었으면 좋겠는데 가이드가 될 만한 것을 찾지 못해서 마음만 답답했을 수 있습니다.

"미래는 도대체 어떻게 변한다는 걸까? 내가 아는 많은 직업들이 없어진다고 하는데, 무슨 이야기지? 인공 지능의 발달이 하루하루가 다르게 이루어지고 있다고 하는데, 그건 또 무슨 이야기지?"

'4차 산업 혁명, 위기인가 기회인가?'라는 프로그램이 방영되었지만, 개인의 생활에 영향을 미치는 것은 드론으로 촬영한 다큐멘터리를 보고 놀라고, 사람과 같은 감정을 표현하는 로봇에 관한 뉴스를 보면서 '거 참 신기하네.' 하고, VR 체험을 하러 전시장에 가는 정도이지 뭐 별 다른 것은 없습니다. 어느 날 "선생님, 진짜 직업이 변해요?"라고 물어도 명확한 답을 듣지 못할 수 있지요. "선생님, 그래도 언젠가는 로봇이 사람의 감정을 가지게 되지 않을까요?"라고 하면 "에이~ 그럴 리가 있겠어?"라는 답을 들을 지도 모르고, "아니 절대로 그런 일은 일어나지 않아."라는 답을 들을지도 모르지요.

오늘의 아이들을 어제의 방식으로 가르친다면
그들의 미래를 훔치는 것이다.

— 존 듀이(John Dewey) —

듀이라는 교육학자가 이야기했습니다. '오늘의 아이들을 어제의 방식으로 가르치는 것은 그들의 미래를 훔치는 것이다.'라고요.
여러분의 머리 속에 이런 질문이 떠올라야 합니다.
"응? 이렇게 있으면 안 되나?"
"로봇? 그거 그냥 뭐 몇 개 생기다 마는 거 아니었나?"

어떻게 할까요?
어떻게 하면 될까요?
어떻게 하면 미래를 유능하게 준비할 수 있을까요?
어떻게 하면 미래를 온전히 준비할 수 있을까요?

디자인 싱킹과 창의 공학으로 미래를 연다.

> 인공 지능 로봇 왓슨의 암 진단 정확률이 82.6%이다. 이런 보고에 대해 의사들은 앞으로 진단은 인공 지능이 하고 의사들은 통합적 연구를 해야 한다고 말하고 있다. 수십 가지의 당뇨병 치료제 중 환자의 평소 상태에 딱 맞게 바로 처방을 하는 것도 인공 지능이다. 그래서 일부 의사들은 앞으로의 의사 역할을 환자와의 정서적 교감으로 잡고 있다.
>
> — 조선일보, 2017. 4. 18. —

이러한 상황에서 보다 많은 시간을, 더 많은 정보를 보다 빠르게 외우는 데 쓰는 것이 필요할까요? 좀 더 많은 정보를 보다 정확하게 기억하는 것이 필요할까요? 코딩이나 프로그래밍을 배워야 할까요?

아닙니다. 신기하게도 미래에 필요한 능력은 '인간이기에 가능한 능력'입니다. 만약 매일 인간 세상에서 일어나는 사건들이 일정하고 동일하다면 그에 대한 해결은 인공 지능이 훨씬 잘할 것입니다. 수많은 데이터에 근거해서 빠르게 분석하고 최적의 해결 방법을 내놓을 것임에 틀림없기 때문이지요. 그러나 인간 세상에서 일어나는 사건들은 독특하고 변이가 많습니다. 호모 사피엔스(생각하는 인간이라는 의미임.)는 매번 다르게 발생한 문제가 무엇인지 분석하고, 그에 대해 해결책을 창의적으로 생각해 내며, 실제로 창의적으로 해결할 수 있을 테니까요.

미국의 스탠포드 d. 스쿨 뿐 아니라 온라인으로 디자인 싱킹을 교육하는 IDEOU(www.Ideou.com)를 비롯하여 많은 나라, 많은 학교들이 이러한 고민을 하면서 변화하고 있습니다. 청소년들의 창의적 사고 능력 즉, **생각하는 힘**과 창의적 기술 즉, **만드는 힘**에 집중하고 있지요. 생각하는 힘에 대한 강조는 디자인 싱킹으로 이어지고 만드는 힘은 공학으로 이어지고 있습니다. 우선 디자인 싱킹을 봅시다.

팀 브라운(Tim Brown)은 디자인 싱킹이 목적을 가지고 생각하고 설계하고 계획하고 시험해 보고 완성해 가는 모든 과정을 의미한다고 하였습니다. 통합적 사고를 위한 능력이라고 할 수 있지요. "응, 그렇게 하면 되겠다."라고 생각만 하는 것이 아닙니다. 구체적으로 디자인 싱킹은 세 가지 즉, 사람들이 가진 바램, 이 시대 기술이 가진 가능성, 그리고 비즈니스의 성공에 대한 욕구 등을 통합해서 혁신적으로 결과를 이끌어 내는 인간 중심의 접근 방법이라고 하였습니다 좀 어렵지요? 하나하나 알아봅시다.

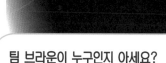

디자인 싱킹은 세 가지
즉, 사람들의 욕구, 기술이 가진 가능성, 비즈니스의
성공에 대한 욕구 등을 통합하여 혁신을 이끌어 내는
인간 중심의 접근 방법이다.

– 팀 브라운(Tim Brown) –

팀 브라운이 누구인지 아세요?

팀 브라운은 산업 디자이너로서 다양한 국제 디자인 대회에서 수상하였고, 예술과 기술의 융합에 높은 관심을 가지고 있다. 현재는 세계적인 디자인 회사인 IDEO의 CEO를 맡고 있고, 디자인 싱킹과 경영 혁신의 최고 전문가로 인정받고 있다. IDEO는 애플의 최초 마우스와 PDA 시장을 새롭게 개척한 팜V, 자전거 정수기 아쿠아덕트를 개발한 세계적인 디자인 기업이다. 인류학을 전공한 엔지니어, 심리학에 심취한 건축가, MBA 학위를 취득한 디자이너와 같은 T자형 인재가 일하는 세계에서 가장 혁신적인 컨설팅 기업이다. 팀 브라운은 '디자인에 집중하라.' 등 다수의 디자인 싱킹 책을 저술하였다.

디자인 싱킹의 주 원칙은 공감(empathy)입니다. 일반적으로 '생각하다'에 대해 가지는 개념과 다른 점이 여기에 있습니다. 사용자가 되는 인간에 대한 기본적인 이해와 공감이 우선되기 때문입니다. 그래서 단지 '아무 것이나 만들어 보자.'가 아니라 '인간의 세상에 유익하고 인간에게 유리한 것을 만들자.'이고 '인간의 세상에 위험이 되고 인간에게 문제가 되는 것을 해결해 보자.'입니다.

디자인 싱킹을 처음 시작한 스탠포드 대학교에서는 모든 인간이 창의적임을 강조하고 인간 세상에서 벌어지는 복합적이고 변화무쌍한 사건들을 해결하기 위해서는 반드시 디자인 싱킹 과정을 거쳐야한다고 강조합니다. 전 세계적으로 이런 움직임이라면 여러분들도 이에 동조해야 하겠지요?

우리나라도 예외가 아닙니다.

미래부는 2016년, 직원들에게 디자인 싱킹 교육을 시키기 시작하였고, 각 대학교에서도 디자인 싱킹 과정을 열었습니다. 현재 교육부 등에서도 디자인 싱킹과 관련된 연구들을 진행하고 있지요. 알고 있었나요?

그러나 자라나는 학생들을 대상으로 하는 디자인 싱킹 교육은 찾아보기 어렵습니다. 중학교와 고등학교가 교육의 변화에 가장 느리게 반응하는 것 같기도 하네요. 디자인 싱킹이 무엇보다 미래 사회에서 살아갈 중요한 역량임에도 불구하고 아직 배우고 있지 않으니까요. 보다 어린 시기에서부터 생각하는 힘을 기른 학생들은 그렇지 않은 학생들과 다른 결과를 낼 수밖에 없습니다. 어른들이 결정해서 제공한 트랙에서만 자라는 경주마들은 자유롭게 자라는 말을 이길 수 없습니다. 이 순간 "아 몰라.~ 나중에 하게 되겠지."라고 한다면 잘못된 판단입니다.

창의 공학을 이야기해 보지요. 창의 공학은 창의적인 생각들을 공학적 기법 즉, 엔지니어링으로 풀어 보는 것입니다. 인간은 본래 만들기를 좋아하는 본능이 있고 인간의 사고는 만드는 과정에서 성숙되고 완성되어진다고 합니다. 만드는 작업은 암기하거나 정보를 수동적으로 받아들일 때 활성화되는 뇌의 영역과는 전혀 다른 뇌의 영역을 활성화시키고 긍정적 정서를 뿜어내게 한다고 하지요. 이리저리 모형을 만들다 보면 생각했던 것이 실제로 가능한지 체크할 수 있지요. 그리고 그런 경험이 누적되면서 문제 해결력은 늘어나게 됩니다.

창의적인 사고와 창의적인 실행 능력을 갖춘 학생은 단순히 반복적으로 주어진 문제를 풀고 주어진 내용을 암기하는 학생들과 몇 년 뒤에서부터 차이가 많이 납니다.

2. 4차 산업 혁명과 새로운 인류

1 4차 산업 혁명의 의미

4차 산업 혁명이란 무엇을 의미할까요?

기대되기보다는 두려울 수 있고 대비하는 마음보다는 피하고 싶은 마음이 드는 학생도 있을 수 있어요. 이세돌과 인공 지능과의 바둑 대국 시 등장했던 용어가 AI 포비아입니다. 인간의 지능을 넘어서는 AI의 능력이 드러나자 무기력감을 호소하는 사람들이 늘어났지요(한국일보, 2016. 3. 11). 실제로 미래에 대한 공포(futuristic phobia)라는 용어도 있고, 로봇 공포(Robotophobia)라는 용어도 있습니다. 여러분은 어떤가요?

로봇이나 드론, 그리고 인공 지능과 관련된 것들이 알려지면서 인간의 설 자리를 잃을 것이라는 어렴풋한 공포를 여러분도 가지고 있나요? '미래를 대비할 것이냐? 아니면 미래를 두려워할 것이냐?'의 쟁점이 일어나는 상황입니다. 그러나 4차 산업 혁명과 관련하여 감정적인 차원의 반응은 그리 중요하지 않습니다. 이에 4차 산업 혁명에 대한 감정적 반응을 배제하고 정확한 정보를 미래 인재인 여러분에게 알려 주고자 합니다.

4차 산업 혁명(4IR: 4th Industrial Revolution)은 인공 지능에 의해 자동화와 연결성이 극대화되는 산업 환경의 변화를 의미합니다.

2016년 스위스 다보스에서 열린 세계 경제 포럼에서 처음 이야기된 4차 산업 혁명은 한 마디로 인간의 모든 생활과 관련된 기술 혁신이라 볼 수 있어요. 모든 분야의 융합을 기본으로 하며, 모든 분야로의 영향을 의미합니다.

2 미래 교육의 방향

2014년부터 정부는 미래 산업의 주요한 하나의 도구로써 3D 프린터를 설정하고 국가적 차원에서 보급하였습니다. 3D 프린터를 사용하고 싶으면 지역 사회에 있는 센터 등을 방문하면 됩니다. 그 외에 무료로 배울 수 있는 공간도 많지요. 하지만 아직 우리나라에서는 3D 프린터를 기반으로 다양한 비즈니스 모델이나 성공 사례가 나오지 않고 있습니다. 하물며 많은 3D 프린터를 다룰 수 있는 공간도 비어 있는 경우가 많고, 수많은 사람들을 교육하고 있음에도 쉽게 비즈니스와 연결되지 않습니다. 왜 그럴까요?

3D 프린터는 사용자가 어떻게 사용하느냐에 따라 결과가 달라지는 도구일 뿐입니다. 멋진 목수의 끌과 대패, 대장장이의 망치, 화가에게 붓과 물감 같은 것입니다.

컴퓨터를 생각해 봅시다. 컴퓨터는 누군가에게는 프로그래밍을 하는 도구이지만 누군가에게는 인강을 듣거나 게임을 보는 도구일 뿐입니다. 사람마다 제각각 자신의 필요에 맞추어 사용하는 도구이지요. 그러나 3D 프린터는 컴퓨터와는 다릅니다. 컴퓨터로는 여러 가지 일을 할 수 있지만, 3D 프린터는 붓과 끌처럼 해야 할 용도가 분명하거든요. 3D 프린터로 된 무엇인가를 만들어 내는 것이지요. 이를 위해서는 우선 설계가 필요합니다. 그런데 여기에 문제가 있습니다.

무엇을 만들지 모르고 도구만을 연습하고 있는 셈이거든요. 교육은 받았지만 이제 **스스로** 무엇인가를 만들어 보려고 하면 멈춰 버리게 됩니다. 무엇을 만들지 힘들게 생각해도, 그것을 3D로 그릴 수 없습니다. 이것이 문제입니다. 3D 프린터로 멋진 무엇인가를 만들고, 그것으로 비즈니스 모델로 만들기 위해서는 우선 3D로 무엇을 만들지 생각할 수 있어야 하며, 그것을 프로그램으로 만들기 전에 **스스로** 머릿속으로 그리고 종이 위에 스케치할 수 있어야 하는데, 그것을 하지 못하는 것이지요.

미래를 위해 반드시 필요한 역량이 '스스로 디자인'이라면 현재의 표준 교과로는 배울 수 없습니다. 프로젝트 기반 학습(Project Based Learning)만이 이를 위한 해법입니다. 이미 전 세계 모든 나라에서 프로젝트 기반 학습을 하고 있습니다. 핀란드나 선진 유럽 국가들은 프로젝트 기반 학습을 주요 학습 방법으로 채택하고 있습니다.
최근 세계적으로 관심을 받고 있는 올린 공대(Olin College of Engineering) 역시 모든 과정이 프로젝트 기반 학습입니다. 알트 스쿨, 칸랩 스쿨과 같은 혁신적이며 도전적인 대안 학교들 역시 프로젝트 기반 학습을 교육 방법으로 채택하고 있습니다. 우리나라 중학생들도 자유 학기제가 실시되면서 프로젝트 학습을 하고 있습니다.

프로젝트 수업에서 학생들은 스스로 생각하고 스스로 디자인하게 되고, 실제로 생각대로 되는지를 테스트하기 위해 모형을 만들어 봅니다. 이러한 과정이 디자인 싱킹입니다.

디자인 싱킹을 통해 얻은 여러분들의 생각은 만드는 과정을 통해 구체화됩니다. 모형(prototype)을 만드는 것이지요. 모형을 직접 만들고 조작해 봄으로써 작동에서의 성공 여부와 오류를 체크하고 그 후에 완성품으로 발전됩니다. 생각이 생각에만 그치는 것은 문제 해결력을 키우고자 하는 프로젝트 기반 학습이 아닙니다. 창의 공학은 여러분들이 디자인 싱킹한 것들을 실제 결과물로 만들어 내는 과정입니다.

학생들의 생각은 직접 만들어지고 실험되는 과정을 거쳐 하나의 결정체로 완성됩니다. 굴러갈 것이라고 기대했지만 굴러가지 않는 경험도 하고, 멀리 갈 것으로 기대하고 고무줄에 탄력을 부여했지만 오히려 기구들이 고무줄의 탄력을 지탱하지 못해 멀리 날리기에 실패할 수도 있습니다.

기울기와 속도에 대해 기대했지만 아예 속도가 나지 않고 멈춰 버리는 오류가 날 수도 있고, 화학적 자극을 통해 음식물 쓰레기를 활용 가능한 에너지로 해보려고 하였으나 오히려 문제가 더 심각해질 수도 있지요.

오류는 수정을 필요로 하고 수정 과정에서 학생들은 자신들의 지식을 실제적 지식으로 구축해 나가게 됩니다. 이런 과정은 그저 앉아서 주어진 내용을 암기하거나 되풀이 교육을 받는 전통적 교육방식으로는 얻을 수 없습니다. **이러한 과정이 창의 공학에서 이루어집니다.**

3. 내 안에 있는 니콜라 테슬라

① 니콜라 테슬라에게서 배운다.

- 무선 기술이 완벽하게 적용되면 온 세상이 거대한 뇌로 변할 것이다.
- 수천 킬로미터나 떨어져 있어도 텔레비전과 전화기를 통해 바로 앞에 있는 것처럼 서로를 보고 이야기하게 될 것이다. 그리고 이런 기능을 하는 장치는 지금의 전화기와 비교하면 놀라울 만큼 간단해서 호주머니에 넣고 다닐 수도 있을 것이다.
- 사람들이 타지 않는 비행기들이 하늘에 떠다니며, 무선으로 조종하여 많은 일들을 하게 될 것이다.

맨 처음 나온 문장은 마치 인터넷과 인공 지능(Artificial Intelligence)에 대해 이야기하고 있는 것 같습니다. 두 번째 문장은 스마트폰(Smart Phone)을 이야기하는 것 같고, 마지막 문장은 드론(Drone)을 이야기하는 것 같습니다. 누가 언제 이야기한 것일까요? 놀랍게도 이 말들은 니콜라 테슬라(Nikola Tesla, 1856 ~ 1943)가 한 말입니다. 크로아티아의 작은 시골 마을에서 태어난 테슬라는 에디슨과 쌍벽을 이룬 혹은, 에디슨보다 더 천재적인 사람이었다고 이야기됩니다. 그 옛날 테슬라는 이미 우리의 세상이 어떻게 변할 지를 내다보았고, 많은 발명품들을 발명했지요.

● 니콜라 테슬라

테슬라가 한 말에서 우리는 발명에 대해 정확한 것을 알게 됩니다.

> 일단 아무 성과 없이 여러 모로 애쓰다가 아이디어 하나를 얻지요. 오랫동안 그것을 철저히 살펴 내가 아는 모든 기정사실과 일치한다는 것을 알아차립니다. 즉, 내가 가능하다고 판단할 수 있을 때까지 그렇게 하는 것입니다.
>
> 다음으로는 그 아이디어를 실행에 옮기는 데 극복해야 할 어려움을 검토하면서 그것들이 이겨내기 어렵지 않다는 것, 그래서 실행에 옮길 수 있다는 것을 알아차리지요. 그리고는 그것을 실행할 수단을 찾고 꼼꼼히 분석해서 내 아이디어가 실행된다는 확신을 얻습니다.
>
> 아주 긴 시간이 지나도 아이디어에서 흠을 발견할 수 없을 때, 모든 단계의 자극과 그 뒤의 이완에도 그것이 이치에 맞을 때, 그 문제에 관한 지식이 늘고 실현으로 향하는 방법에 따라 성취욕이 더 격렬해지면서 얼마간 피로를 느낀 뒤 곧 그것이 더 큰 힘으로 되돌아올 때, 바로 그 때 아이디어는 진실이 됩니다.
>
> – 버나드 칼슨, '니콜라 평전' 중에서 –

그 어느 누구도 그저 하나의 재미있는 생각을 하고 그것을 발명품으로 만들고, 그래서 세상에 이름을 남기고 영향을 미친 것이 아닐 것입니다. 생각의 골은 깊고, 모형을 만들어 보고 시도하고 실패하고, 수정하고 다시 만들어보는 시간이 필요했을 것입니다.

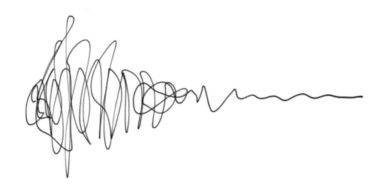

위의 그림이 잘 설명해 줍니다. 우리가 아는 발명가들, 직접 아이디어를 내고 고민하고 방법을 결정해서 직접 만들고, 그러다가 실패하고 다시 만들어 역사에 남는 발명품을 만든 이들은 모두 위와 같은 과정을 밟았습니다.

아이디어 단계는 오래 걸리고 머리가 아프고, 앞으로 나아갔다가 뒤로 빠지는 과정을 밟습니다. 그러다가 방향을 잡으면 그제서야 모형을 만들고 테스트하고 완성하는 과정을 밟게 되지요. 우리들이 알고 있는 모든 사람들이 그러했습니다. 앞부분이 오히려 복잡하고 오래 걸리고, 고민이 끝나고 계획을 하고 나면 오히려 순조롭게 가게 됩니다.

오늘의 나, 오늘의 교실

나는 어떨까요?
내 마음과 몸에 테슬라가 있을까요?

최근 들어서 여러 신문에서는 창의형 인재 교육에 대해 보도하고 있습니다.

"정답 찾기가 목적 아냐, 질문 던져 생각 넓혀야~"
"명령보다 질문이 효과적……. 호기심 일깨워 주세요."
"융합 시대 준비 정보 과학적 사고력에 집중해야~"
"스스로 생각하도록 가르쳐야~"
"〈왜, 어떻게〉를 활용해 질문하면 여러 방향으로 답 생각하게 되죠."
"창의력 키우는 융합 교육이 인공 지능 시대 인재 만든다."
"생활 속 현상에 호기심 갖고 실패를 거듭해도 두려워 말라."
"끊임없이 질문 유도해 잠재력 끄집어내는 수업 필요!"

이런 기사들이 줄지어 나오고 있습니다.
어떻게 하면 좋을까요? 어떻게 해야 할까요? 기사를 읽으면 좋은 이야기라고 생각이 들고 그렇게 자라야 한다는 생각이 들지만, 막상 어디에서부터 시작하고 무엇을 해야 할지 막막하지요. 아무도 어떻게 하라고 구체적으로 가르쳐 주지 않고 이제 창의형 인재로 자라나라고 하니, 부담감만 높아졌다고 생각되나요.

'미래에 대해 대비해야 되겠다.'라고 생각한다면 지금의 내 모습을 돌아보아야 합니다. 누구나 시대는 변했고 앞으로 더욱 변할 것이라고 이야기하지만, 구체적으로 이야기해 주는 사람은 많지 않습니다. 경쟁은 누가, 얼마나 빨리 주어진 방법대로 하느냐와 관련되어 있지요. 이로 인해 여러분들의 가능성과 잠재력은 그다지 발휘되고 있지 않습니다.

생각할 주제를 가지고 검색하고, 그 결과를 적어 보라고 하면 놀랍게도 학생들 대부분의 결과물이 동일합니다. 마치 어떻게 찾으라는 규칙을 가지고 있는 것처럼 말이죠. 분명히 창의적인 활동인데 과정은 전형적이고 결과도 전형적으로 나옵니다.

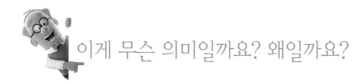

이게 무슨 의미일까요? 왜일까요?

학생들과 음식물 쓰레기(food waste)에 대해 알아보았을 때의 이야기입니다. "자, 음식물 쓰레기에 대해 검색해 오자. 어떤 정보이든 너희들의 주의를 끄는 것들에 대해 검색해 오렴."이라는 말에 학생들은 자기 공간으로 달리기 시작했습니다.

학생들에게 제시한 활동은 **속도를 재는 게임이 아니었습니다. 경쟁을 하는 것이 아니었습니다.** 그런데 학생들은 자연스럽게도 누가 "이거 경기야?", "이거 경쟁하는 거야?"라고 묻지 않았음에도 불구하고 모두 그 상황을 경쟁이라고 규정하고 달리기 시작했던 것이지요. 그런데 알아온 정보는 모두가 똑같았습니다. 학생들은 이미 속도전으로 규정하고 활동하였고, 맨 먼저 온 친구는 교사로부터 무슨 보상을 받게 되는지 궁금해 하고 있었습니다. 당연히 그 활동의 결과에 대한 의미를 점수로 표시한다면 '0점'입니다. 아무 의미가 없기 때문이고 어떤 새로운 정보나 지식도 의미 있게 얻을 수 없었기 때문이지요. 단지 사전적 의미를 **빨리** 찾았을 뿐입니다.

학생들은 사이트 주소를 안내하면 마치 경주하듯이, 마치 경주마라는 역할로 이 세상을 살아가고 있는 것처럼, 누가 **빨리** 가는 가에만 관심이 있는 것처럼 **빨.리.** 결과물을 찾아옵니다. 예를 들어 'google'을 통해 검색하라고 하면 google 검색창에 교사가 찾으라고 하는 것을 적고 '돋보기'를 누른 후 제일 먼저 나오는 검색 결과를 그대로 적어 옵니다. 소위 'scroll'이라고 하는 것을 한 번도 안 하고 첫 번째로 나오는 것 그대로를 적는 것이지요.

"애들아, 선생님하고 약속하자. 이미지에 들어가서 키워드를 검색하고, 적어도 세 번 이상 마우스를 움직여 내려가 보는 거야. 그래서 관련 이미지를 다섯 개 찾아오자."
"몇 번이요?"
"세 번 이상."
"그게 몇 번이에요?"
"그래, 그럼 세 번만 하도록 하자."

학생들은 정확히 세 번 마우스를 굴려 이미지를 검색하였습니다. 학생들이 찾아온 결과물은 또 똑같았습니다. 적잖이 놀랐겠지요? '음식물 쓰레기'로 검색한 학생들의 이미지는 거의 예외 없이 각자가 찾은 다섯 개, 그리고 모든 학생들이 검색한 거의 100개 정도 되는 이미지가 모두 '음식물 쓰레기가 쌓인 사진'이었습니다. 궁금해 할 수 있습니다.

'왜? 뭐가 문제지? 음식물 쓰레기 이미지라고 하지 않았나?'

아닙니다. 과제는 '음식물 쓰레기 **관련** 이미지'였습니다. 물론 검색어는 음식물 쓰레기이지만 나오는 결과물은 지금 검색해도 셀 수 없이 많이 검색됩니다. 음식물 쓰레기가 모인 사진도 있지만 음식물 쓰레기를 줄이자는 포스터도 검색되고, 음식물 쓰레기와 관련된 도표도 있고, 음식물 쓰레기 피라미드(food waste pyramid)도 있고, 음식을 먹기 싫어하는 아이의 사진도 있고, 쓰레기 섬 이미지도 있고, 음식물 쓰레기가 처리되는 과정에 대한 이미지도 있습니다.

더욱 놀라운 것은 시간입니다. 각자의 컴퓨터는 이동해야 하는 옆 교실에 있었지요. 학생들은 달려갔고, 학생들이 달려가는 모습을 보면서 "안 뛰어도 돼."라고 이야기하고 나서 가르쳤던 강의물을 탁탁 정리하고 있으면, 학생들이 다 찾았다고 또 달려왔습니다. "지금 검색해도~"라고 하고 이동도 하지 않은 채 바로 이 책상에서 검색했을 때도 5분 이상 걸렸는데, 학생들은 달려가 찾고 다시 달려올 때까지 정말 눈 깜짝할 사이였다는 것이죠.

학생들에게 관련 이미지를 찾으라고 요구한 활동은 시간이 절대적으로 소요되는 일이었습니다. 속도전이 아니었지요. **속도전은 오히려 학생들의 아웃풋(output)을 망칩니다.** 학생들은 점차 빨리 찾는 기계가 되어 가고 "빨리 찾는 능력"은 능력의 가장 중요한 요소로 잘못 평가되고 있습니다. 그런 잘못된 평가로 인해 행복해진다면 괜찮겠지만, 속도전으로 인정받던 학생들은 평생을 그 속도전 때문에 여기 부딪치고 저기 부딪쳐 힘들어하게 됩니다. 속도전에서 이길 수 없다고 판단한 학생은 아예 자신이 무엇인가 할 수 있다는 생각을 접고, 그래서 결과적으로 의욕을 가지고 살아가는 것에 관심을 두지 않습니다.

관련 이미지를 찾는 것에서도 집중적인 고민과 선택의 결과를 보지 못해서 이번에는 학생들에게 우리나라의 한 해 전체 음식물 쓰레기 처리 비용과 거가대교 총 설립 비용을 조사해 보라고 하였습니다. 여러분들도 지금 스마트폰을 꺼내서 검색해 보세요. 다음은 한 해의 음식물 쓰레기 처리 비용과 거가대교 총 설립 비용을 묻는 활동입니다.

- 1년 동안 우리나라 음식물 쓰레기 처리에 드는 비용은 얼마인가요?

- 거가대교를 만드는 데 든 총비용은 얼마인가요?

검색해 보면 여러 가지 결과가 나옵니다.

"9,000억 원인가?", "15조 원인가?", "1조 4천억 원인가?"

"응? 뭐지? 나는 1조 2천 4백억 원인데?"

그러면 우리 마음속에 질문이 생깁니다. **"누가 틀렸지?' '누가 맞았지?"**

이때 질문을 하나 던질 수 있습니다. "몇 년도 자료를 보았나요?"

"아~ 해마다 자료가 다르겠구나."

이렇게 위안을 받을 수 있습니다.

그러나 특정한 연도로 제한을 해도 결과는 마찬가지입니다. 그 많은 정보들이 모두 수치가 다르니 실로 난리가 나지요. 답은 다 다릅니다. 그게 인터넷 세상이지요. 누가 틀리고 누가 맞아서가 아니고 또 누가 잘못 올리고 누가 잘 올려서가 아니라, 그렇게 인터넷에는 정보가 넘쳐나고 그 정보가 알려 주는 것이 모두 다르다는 이야기입니다.

한 해 우리나라 음식물 쓰레기 처리 비용과 거가대교 총 설립 비용을 조사하라고 하자 난리가 났습니다. 하물며 놀리기까지 하였습니다. "와, 9000억 원이래.", "무슨 소리야? 15조가 넘거든." "야, 그게 말이 되냐? 내가 맞아."

왜 그렇게 자신의 답을 확신하는지 묻자 학생들은 자신이 찾은 사이트가 우리나라에서 제일 큰 사이트라고 하거나, 신문을 보았다고 하거나, 환경부 장관이 인터뷰한 내용이라고 하였습니다. 그러나 그 모든 이유가 다 '합리적 이유'는 되지 않습니다.

열심히, 힘들게, 그것도 마우스를 굴려 가면서 찾은 검색 결과에 대해 교사가 문제를 제기하자 학생들은 이제 짜증을 내기 시작했습니다. 다 알아냈는데, 왜 더 해야 하냐고 문제를 제기했습니다. 대부분의 학생들이 그랬지요. 그런데 **이 상황에서 개별적 강점을 보이는 학생들이 있습니다. 검색 과정을 반복하려 하고, 무엇보다 '꼬리에 꼬리를' 무는 검색 과정을 반복하고 싶어 하는 학생들이 있습니다.** 여기에서부터 차이가 납니다. "아~ 이게 뭐야. 재미없어요."라고 대부분의 학생들이 교사에게 불평하고 짜증을 내는 동안, 눈에 불을 켜고 마치 아무 것도 안 들리는 듯이 검색의 과정을 반복해서 하는 학생들이 있습니다. 이 학생들은 다릅니다. 이미 이 학생들은 앞으로 그들이 어떻게 커갈 것인지에 대해 긍정적인 기대를 하게 합니다.

이 상황에서 개별적 강점을 보이는 학생들이 있습니다.

"아~ 이게 뭐야. 재미없어요."라고 다른 학생들이 교사에게 불평하고 짜증을 내는 동안, 눈에 불을 켜고 마치 아무 것도 안 들리는 듯이 검색의 과정을 반복해서 하는 학생들이 있습니다. 이 학생들은 다릅니다.

"여러분은 어떤가요?"

생각하는 능력을 높이는 것은 연령이 높아질수록 힘들어집니다. 더구나 생각이 자리 잡히는 연령은 점점 더 낮아지고 있습니다. 초등학교 2학년인데도 생각하지 않으려고 하는 학생들이 있습니다. 심지어 초등학교 1학년에도 있습니다.

생각하지 않는 학생은 생각하는 학생을 이길 수 없습니다. 생각은 인류가 가진 가장 중요한 경쟁력이지요. 결승점을 향해 빨리 달리도록 훈련된 트랙 위의 학생은 경기장에서는 경쟁을 할 수 있을지 몰라도, 드넓은 초원에 나가면 아무 것도 할 수 없습니다. 초원 위에 스스로 길을 정하고, 달려가면서 방향을 바꿀 수 있으며, 주변의 모든 것을 관찰할 수 있어야 초원에서 살아남습니다. 끊임없이 생각해야 하지요. 성적 조금 앞서고 뒤서는 문제가 아닙니다.

앞으로의 시대를 살아갈 여러분! 생각하지 않으면, 아니 생각하지 못하면 그 누구도 이길 수 없습니다. 심부름을 하는 사람으로 성장한다고 칩시다. 옛날에는 가능했습니다. 그런데 이제 심부름은 인공 지능이 훨씬 더 정확하게, 더 빨리, 더 많이 할 수 있으니 그쪽으로 진로를 잡으면 안 됩니다.

메이와 덴키(Maywa Denki)라는 일본의 한 전기 회사를 운영하는 '토사(Tosa)'는 창의적이고 흥미로운 사람입니다. 직접 만나 보면 수줍음도 많고 조용한 사람이지만, 창의의 문이 열리면 그야말로 입을 헤~ 벌린 채 그의 말과 행동을 보게 되지요.

한국에 와서 학생들과 워크숍을 한 토사는 디자인 싱킹에 대해, 그리고 그에 근거한 자신의 삶과 활동에 대해 여러 가지 이야기를 하였습니다. 그 중에서 가장 기억에 남는 말은 다음 말입니다.

"엉뚱한 생각이 땅에 떨어지면 그냥 엉뚱한 생각이 됩니다.
하지만 엉뚱한 생각이 실제로 만들어지면 그건 대단한 발명이 됩니다."

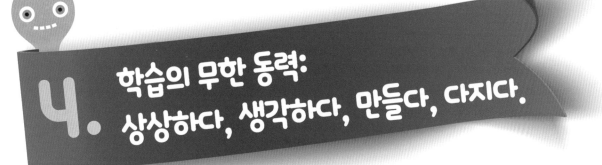

4. 학습의 무한 동력:
상상하다, 생각하다, 만들다, 다지다.

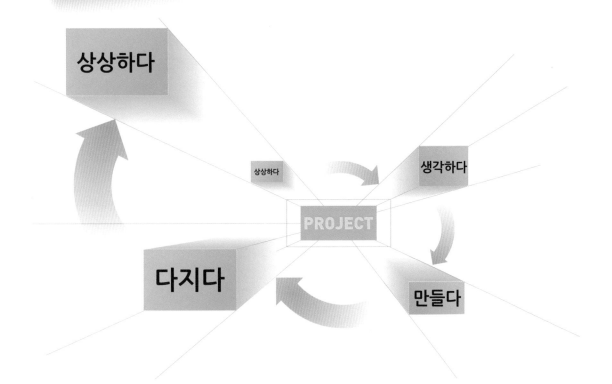

| 상상하다 |
| 생각하다 |
| 만들다 |
| 다지다 |
| PROJECT |

 학습에서 선순환(virtuous circle)의 필요

"공부는 끝이 없다."

아마 이 말을 들으면 학생들은 기가 막힌다고 할 것입니다. 고등학교 때인가 "배우고 또 익히니, 어찌 즐겁지 아니한가."라고 하셨던 국어 선생님께 뭐가 즐겁냐고 따졌던 기억도 있습니다. 우리의 공부는 그러합니다. 외워야 하고, 잘한 것보다는 틀린 것에 대해 집중해야 하지요. 오답 노트를 챙겨야 하고요. 익히지 못한 부분을 완전하게 채우는 것에 더 집중하고, 새로운 정보를 알아보거나 호기심을 가지는 것에는 집중하지 못하고 있습니다.

'공부'하면 좋은 기억보다는 힘들고, 참아야 하며, 이것을 마치면 다른 것도 해야 한다는 생각을 하게 되지요. 하지만 정말 하고 싶은 것을 배울 때는 그렇지 않습니다. 누군가가 시켜서 어떻게 해야 한다는 것이 정해져 있는 공부가 아니라, 무엇인가 자신이 관심을 가지고 있는 것을 배우는 것은 신도 나고 시간이 어떻게 가는지도 모르지요. 학습의 과정은 끝이 없을 것이고 흥미롭게 이어질 것입니다.

좋은 현상이 끊임없이 되풀이 된다는 선순환이 학습에서 이루어진다면 그 순환만으로도 효과를 얻을 수 있습니다. 그것이 학습의 원동력입니다. 일반적인 학습 모형에서도 효과적이며, 프로젝트 수업에서는 더더욱 그러합니다. 나선형으로 업그레이드가 되고 수준이 올라갑니다. 궁금해 하고, 알아보고, 알아내고, 익히고, 그에 기준하여 한 단계 업그레이드하여 그 과정을 반복하는 것 즉, 알아내고 익힘의 선순환! 여러분들의 학습이 선순환이 됩니다. 멋지지요? 그로 인해 학습의 무한 동력이 일어납니다. 그런 즐거운 학습이 되기 위해서 기억해 주었으면 하는 몇 가지를 이야기해 보겠습니다.

학습에서 무한 동력의 모습

어떤 학습도 '시작'이 아니고 '끝'이 아님을 기억한다.

아이디어를 내라고 하면 깜짝 놀랄 아이디어를 내는 학생들이 많아졌습니다. 자기가 이야기한 아이디어에 교사나 부모님들이 감탄하다 보면 학생들은 점점 더 신기하고 참신한 아이디어를 냅니다. 하지만 여러분들이 낸 반짝이는 아이디어는 실현되기 어려운 경우가 많습니다. 멋진 아이디어를 내는 데 급급하다 보니 그 아이디어가 경험이나 고민이 없이 나오는 것이지요. 그래서 실제로 만들고자 하면 여러 가지 어려움을 만나게 됩니다.

생전 처음 냄비를 두드려 본 아기는 그 소리에 집중하게 되고, 그래서 주변의 여러 그릇을 다 뒤져서 찾고 다 두드려 보지요. 깔깔대고 웃는 소리에 보는 이들도 행복해집니다. 그것이 학습의 시작이겠지요. "저건 어떤 소리가 날까?" 상상하게 되고, 직접 해 보게 되고, 즐기고 나누게 됩니다. 처음으로 1,000원짜리를 쥐어 주며 심부름을 시킨 엄마를 실망시키지 않으려는 생각으로 간 가게에서는 1,000원을 내고 거스름돈을 받고 그 거스름돈이 얼마인지 헤아리면서 기쁨을 느끼게 됩니다. 그런 것이 학습의 시작입니다.

처음으로 비행기를 만들려 했던 라이트 형제는 "아, 이렇게 하면 날 수 있겠구나."라고 상상하고, 그것을 구체적으로 생각하고, 만들었지만 실패도 했습니다. 만약 그 순간 "아~ 안 되는구나."하며 꿈을 접었다면 비행기는 이 세상에 훨씬 더 늦게 나왔을 것입니다. 그러나 그들은 또 생각하고, 또 만들고, 또 테스트하고, 실패하면 또 상상해 보고, 생각해 보고, 만들어 보았습니다.

이런 과정을 반복한 결과 지금은 누구나 비행기를 이용할 수 있게 되었습니다. 이러한 것을 학습에서의 무한 동력이라고 할 수 있습니다. 한 번의 시도와 한 번의 성공이 아니라, 반복 시도와 반복 성공인 것입니다. 그리고 그 성공은 다음의 호기심과 질문으로 이어지는 무한 동력이 됩니다.

학습의 선순환을 이해하기 위해서는 여러분들의 어떤 생각도 버릴 것이 없음을 기억해야 합니다. 네. **어떤 생각도 버릴 것이 없습니다.** 상황이 주어지지 않더라도 혼잣말로라도 이야기를 하고, 자신만의 수첩에 기록을 하거나 자신만의 드라이브나 USB에 저장해 둡니다. 여러분의 생각은 그 어떤 생각도 버릴 것이 없습니다. 그것이 학습의 시작이 되건, 학습과 관련된 느낌의 이야기이건, 경험에 대한 이야기이건, 여러분 머릿속에서 나오는 그 모든 것을 귀중하게 여기기 바랍니다.

혼잣말은 인지 과정을 돕는 최고의 전략입니다. 스스로 자신의 이야기를 주의 깊게 듣다 보면 자신의 스토리에 논리성을 더하게 되지요. 그리고 논리성을 갖추다 보면 점차 머릿속에서 아이디어들이 줄을 서게 되고, 그래서 그 안에서 보다 구체적인 디자인 싱킹이 발생하게 됩니다.

프로젝트 활동에서는 '상상하다, 생각하다, 만들다, 다지다.'가 기본적으로 순환되도록 합니다. 결과는 시작이 되고 시작은 다시 결과로 가는 선순환 구도를 만들어 내는 것이지요. 이런 구조는 여러분들에게 금방 습관화가 됩니다. 습관이 되고 나면 스스로 시작을 끝으로, 그리고 끝을 시작으로 잡아 가게 되지요.

그 다음이요? 행복한 학습만이 있습니다.

**4차 산업 혁명과
관련된 용어를
익혀 봅시다.**

인공 지능 (Artificial Intelligence)　　인공 지능은 사람의 자연 지능과 달리 기계로부터 만들어진 지능을 말합니다. 이세돌 기사가 알파고와 바둑 경기를 하면서 한 번 나라가 들썩거렸지요? 네. 알파고가 바로 인공 지능입니다. 우리 주변에도 많습니다. 내비게이션도 인공 지능이고, 최근에는 인공 지능 에어컨이나 냉장고 등이 나오고 있지요. 말을 하지 않아도 주인의 마음을 알아서 자동으로 작동되길 바라는 것이겠지요? 2016년에 EBS에서는 '인공 지능 시대: 인간의 미래'에 대해 지속적으로 방송하였습니다.

알파고(Alpha Go)　　알파고는 많이들 아십니다. 알파고는 구글 딥 마인드가 개발한 인공 지능(AI) 바둑 프로그램입니다. 이세돌과의 경기로 인해 유명해졌습니다. 최근 업그레이드 된 알파고가 내로라하는 바둑 9단들에게 60연승을 하였기 때문에, 이세돌 기사는 이제는 자신이 알파고를 이길 수 없다고 말했습니다. 2016년 1월의 이야기입니다.

왓슨(Watson)　　알파고가 구글이라면 왓슨은 IBM의 인공 지능입니다. 2017년 2월 'IBM Challenge'에서 우승함으로써 또 한 번 이슈가 되었지요. 왓슨은 인간 수준의 이해력과 분석력을 갖추는 것이 목표이며 계속 업그레이드되고 있습니다.

웨어러블 디바이스(Wearable Device)　　웨어러블 디바이스는 말 그대로 몸에 착용하는 컴퓨터입니다. 스마트워치, 구글 글라스 등을 예로 들 수 있습니다. 현재 계속 개발이 되고 있습니다.

스티브 잡스(Steve Jobs)　　애플의 창업자로 잘 알려진 스티브 잡스이지요. 2011년 사망했지만 창의적 기업인으로서 오랫동안 인류의 기억에 남을 것입니다.

창의 공학(Creative Engineering)　　미래학자들은 오래전부터 메이커의 시대가 온다고 하였습니다. 로봇이나 인공 지능의 발달은 무엇인가 만들 수 있는 사람들이 생각해 내는 아이디어들이 훨씬 미래 지향적이고 현실적이며, 창의적임을 보고하였지요. 그래서 최근에는 만드는 것 즉, 공학과 관련된 관심들이 되살아나고 있으며, 창의성과 연결되어 강조되고 있습니다. 이미 미국을 비롯한 여러 선진국들은 유아 때부터 공학을 지도하고 있습니다.

알고리즘(Algorithm)　　컴퓨터 실행 명령이라 할 수 있는 알고리즘은 어떤 문제를 풀기 위한 절차나 방법을 말합니다. 다시 말해, 어떤 행동을 하기 위해서 만들어진 명령어들의 유한 집합이라고 보면 됩니다. 이미지로 보면 마치 플로우 차트처럼 보일 수 있습니다.

기계 학습(Machine Learning)　　기계 학습은 인공 지능의 한 분야인데, 컴퓨터를 공부시키는 기술이라고 보시면 됩니다. 컴퓨터가 방대한 양의 데이터들을 스스로 학습하고 분석할 수 있도록 개발하는 분야로, 컴퓨터가 기계 학습이 되고 나면 지금은 우리가 스팸 메일과 스팸이 아닌 메일을 구분하지만 컴퓨터가 스스로 구분할 수 있게 되는 것을 예로 들 수 있습니다.

메이커　　메이커는 무엇인가를 만드는 사람입니다. 왜 최근에 다시 메이커라는 용어가 등장했는지를 이해하자면, 2030 유엔 미래 보고서에서부터 메이커에 대한 주장이 빈번하게 나오면서 박영숙의 '메이커의 시대'라는 책이 등장한 것도 우리나라에서는 큰 몫을 하였습니다. 필요한 물건을 만드는 것보다는 자신만의 독특한 것을 창의적으로 만드는 것에 대해 이야기할 때 메이커라는 용어를 사용합니다.

IoT(Internet of Things)　　사물 인터넷은 모든 사물들이 인터넷과 연결된다는 의미입니다. 세상의 모든 것이 네트워크로 연결된다는 의미이지요. 택배 배송 추적 시스템을 알고 계시지요? 그것이 사물 인터넷의 초기 모습이었다고 볼 수 있어요. 그 다음에는 e-book, 스마트 홈, 헬스 케어 등이 이에 속하지요.

❶ 미래에 필요한 기술은 인간이기에 가능한 능력입니다.

❷ 디자인 싱킹은 우리가 목적을 가지고 생각하고, 설계하고, 계획하고, 시험해 보고, 완성해 가는 모든 과정을 의미합니다. 팀 브라운(Tim Brown)은 디자인 싱킹이 통합적 사고를 위한 능력이라고 말하였습니다. 구체적으로 디자인 싱킹은 세 가지 즉, 사람들의 욕구, 각종 기술이 가진 가능성, 그리고 비즈니스의 성공에 대한 욕구 등을 통합해서 혁신적으로 결과를 이끌어 내는 인간 중심의 접근 방법이라고 할 수 있습니다.

❸ 미래를 어느 정도 준비하고 있느냐 하는 것을 미래 준비 지수라고 합니다. 우리나라는 미래 준비 지수를 측정한 57개국 중 23위입니다. 많이 높여야겠지요? 미래 준비 지수의 영역은 미래 탐색(교육과 정보 인프라), 미래 활동(미래에 대한 연구 및 투자), 미래 성과(미래에 대한 잠재력과 삶의 질의 증대), 그리고 미래 평가(미래 지향적 리더십)입니다.

이 그림은 아이디어 단계가 보다 오래 걸리고 복잡함을 의미합니다. 그러다가 방향을 잡으면 그 후에야 모형을 만들고, 테스트하고, 완성하는 과정을 밟게 됩니다.

❹ 4차 산업 혁명과 관련된 단어들을 제시하였습니다. 그 중에서 특히 의미 있는 몇 가지의 단어를 다시 설명합니다.

- **인공 지능**: 기계로부터 만들어진 지능
- **왓슨**: 의학에서 사용되는 IBM의 인공 지능
- **알파고**: 구글에서 발명한 인공 지능
- **웨어러블 컴퓨터**: 몸에 착용하는 컴퓨터
- **알고리즘**: 컴퓨터 실행 명령
- **IoT**: 사물 인터넷, 모든 사물들이 인터넷과 연결됨을 의미함.

II

상상하다,
백지에서 시작하는 연결

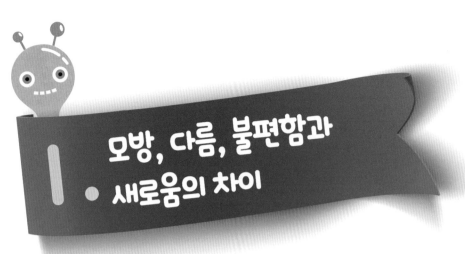

모방, 다름, 불편함과 새로움의 차이

새.로.움.의 의미

창의! 요즘 들어 학교에서, 부모님에게, 선생님에게 많이 듣는 단어이지요? 창의란 새로운 의견을 생각하거나 의견을 내는 것, 혹은 새로운 생각 그 자체를 말합니다. 창의성을 이야기하면 누구나 '새.로.움.'이라는 단어를 떠올리게 됩니다. 무조건 새로운 것이어야 한다고 생각하는 것이지요. 그래서 어떤 친구가 "선생님 신발에 날개가 달려 있으면 좋겠어요."라고 하면 그 친구가 창의적이라고 생각해서 살짝 부럽기도 하지요. 그런데 "장애인도 운전할 수 있는 차가 있었으면 좋겠어요."라고 하면 "그게 뭐야? 그런 자동차는 이미 있어."라고 하지요. 마치 새로운 것이 아니면 의미가 없다고 판단하는 듯합니다.

"하늘 아래 정말 새로운 것이 있을까?"라고 생각한 적이 있습니다. "이런 생각은 사람들이 절대로 하지 않는 나만의 새로운 생각이야."라고 확신하고 혹시 몰라 검색을 해 보면 거의 100% 같은 내용이 있습니다. 제일 먼저 다가오는 감정은 실망감이겠지요. "에이, 있네," 손으로 자기를 건드려 깨워 주는 알람 시계를 만들고 싶다던 여학생은 검색 사이트에 자신의 생각보다 더 멋진 손으로 깨우는 알람 시계가 있자 멍한 표정으로 앉아 있었습니다. 마치 "어떻게 하지? 벌써 다른 사람이 만들었네?"라는 표정이었지요. 새.로.움.이란 무엇일까요?

• 어릴 때 "아, 이런 것이 있었으면 좋겠다."라고 생각한 것이 있나요? 있다면 그것에 대해 이야기를 나누어 봅시다.

_____

_____

새로움은 세 가지로 생각할 수 있습니다.
첫째는 모방과 새로움입니다.
둘째는 다름과 새루움입니다.
셋째는 불편함과 새로움입니다.

❷ 모방과 새로움

장난감을 빨리 사는 친구들이 있습니다. 학교 전체에 유행이 되는 것은 순식간이고요. 그런데 제일 처음 샀다고 해서 제일 잘하게 되는 것은 아니지요? 운동도 마찬가지입니다. 잘해서 부러움을 받는 친구들이 있지만, 그 친구의 움직임을 모방하다가 더 잘하게 되는 친구들은 얼마든지 볼 수 있습니다.

친구가 한 손을 놓고 자전거를 타는 모습이 부러워서 흉내를 내고 연습하다 보면 어느 새 두 손을 놓고 타게 되고, 그것도 몸을 꼬아 가면서 자전거를 몸으로 흔들거리며 타는 경지에까지 이르게 되었던 기억도 있습니다. 모방은 새로움의 기반이 아닐까요? **모방한 것이 익숙해지고 습관화되면 저절로 자기만의 것으로 전환하고 싶어집니다.**

프로젝트 학습을 하다 보면 학생들끼리, 그리고 팀끼리도 모방함을 알 수 있습니다. 만드는 과정에서도 수도 없이 눈은 돌아가고, 염탐꾼 친구는 "야, 저쪽 팀은 여기에 철심을 박았어. 우리도 그렇게 하자."라고 이야기를 해서 자기 팀의 성과물을 업그레이드합니다. 경쟁심이 성취감을 올리기도 하지만, 그로 인해 새로운 것을 만드는 것에 대한 부담감이 줄어드는 것도 사실입니다. 모방이 주는 새로움, 모방이 주는 순기능을 꼭 기억해야 할 것입니다.

모방만큼 생각을 쉽게 넓혀 갈 수 있는 방법이 없습니다. 단순히 따라서 하는 것이 아니라 그것에 대한 인정, 나의 것보다 나은 점을 발견하는 것 등 **나름의 판단이 있어서 하는 모방은 새로움을 만드는 첫 단계가 되겠지요.** 이러한 모방은 모든 산업에서 일어나는 일상적인 과정입니다. 우리나라의 초기 산업 단계도 그렇고, 지금 중국의 샤오미도 이러한 과정을 거쳤지요.

다름과 새로움

　만약에 사람이 모두 똑같다면 세상은 어떻게 되었을까요? 우리 모두는 다릅니다. 하나의 프로젝트를 성공적으로 해내기 위해서는 똑같은 사람 열 명이 필요한 것이 아니라 서로 다른 사람이 필요합니다. 누구는 기획에 강하고, 누구는 개발에 강하고, 누구는 평가에 강할 수 있습니다. 누구는 시각적으로 민감하고, 누구는 종합하는 능력이 있고, 누구는 만드는 힘이 있을 수 있지요.

　뭉쳐서 같은 것을 계획하기보다는 자신이 제일 잘 할 수 있는 부분에서 자신의 주장을 부각시키고, 톡톡 튀는 새로움이 노력과 어우러질 때 최고의 결과물이 나올 수 있습니다. 다소 과장되게 이야기하자면 다름을 섞는 것만으로도 '새로움'이 될 수 있다고 보는 거지요. 한 가지 현상을 보는 것도 사람마다 다르니 해석이 달라질 수 있고, 문제를 보는 시각도 다르니 문제를 해결하려는 방법도 달라질 수 있기 때문입니다.

　물건을 보는 관점이 다르니 기존의 것을 분석하고 리모델링하는 아이디어도 새롭게 나올 수 있습니다. 새로운 것을 생각할 때 "옆 친구는 어떻게 하고 있지?", "저 친구는 예술적으로 접근하고 있네. 나는 예술보다 수학이 강하니까 수학 쪽으로 해 봐야지."라고 할 수 있습니다.

 ## 불편함과 새로움

　"매일 학교에서 젓가락 한 짝을 잃어버리고 오는데, 숟가락과 젓가락을 묶을 수는 없을까?"라는 생각 때문에 숟가락과 젓가락이 연결된 세트가 상품화되었고, "걸레질과 청소를 한꺼번에 할 수는 없을까?"라는 불편함 때문에 물걸레 청소기가 나왔습니다. "물을 좀 더 빨리 끓일 수 없을까?"라는 생각 때문에 전기 주전자가 나왔고, "볼펜으로 쓴 글씨는 지워지지 않나?"라는 불편함 때문에 지워지는 볼펜이 상품화되었습니다. 공유 경제의 대표적인 사례인 우버 택시도 불편함에서 시작되었습니다. 뉴욕에서 택시를 탈 때 많은 불편함이 있었다고 합니다. 위험한 밤거리에서 쉽게 택시를 잡지 못하는 것, 내릴 때 현금을 요구하는 것, 심야에 택시를 탄다는 것 자체에 대한 두려움 등이 불편함이었지요. 우버 택시는 그것을 해결하기 위한 것이었습니다.

　불편함은 새로움을 선물로 가져오는 손님일 수 있겠지요? 컴퓨터를 많이 접하는 사람들은 키보드에 무척 민감합니다. 터치가 부드러운 것을 좋아하는 사람이 있는가 하면, 새로운 터치감이 있는 것을 좋아하는 사람도 있습니다. 게임을 좋아하는 친구들이 좋아하는 키보드도 따로 있지요. 최근에는 스마트폰과 연결되는 블루투스 키보드가 많이 사용되고 있습니다. 키보드에 익숙해진 사람들은 스마트폰의 자판을 치기 불편하다고 느꼈기 때문이지요. 불편함은 새로운 것을 만들어 내고자 하는 인간의 욕구를 자극하는 듯합니다.

2. 창의성, 배울 수 있다.

창의적 마인드

창의적 마인드는 하워드 가드너가 《미래를 위한 다섯 가지 마인드》* 중 하나로 정리한 것입니다. 가드너는 창의적 마인드를 이야기하기 위해서는 그 전 단계인 훈련된 마음(disciplined mind)과 종합하는 마음(synthesizing mind)을 가져야 한다고 이야기합니다. 훈련된 마음과 종합하는 마음을 토대로 새로운 아이디어를 내고, 독창적으로 문제 제기를 하며, 신선한 사고방식을 창출함으로써 예기치 못한 혁신적인 문제 해결에 이르는 것이라고 말합니다.

우선 **훈련된 마음**에 대해 알아봅시다.

훈련(discipline)이란 '기술 완성을 위한 훈련'이라는 의미로, 자신의 능력을 향상시키기 위하여 끊임없이 노력하고 결과적으로 전문적인 기술들을 연마하는 것을 의미합니다. 자신이 어느 분야에 속해 있든지 부족함이 없을 정도로 관련된 지식과 핵심 과정 등에 대하여 통달해야 한다는 의미이지요.

가드너는 이에 대해 구체적으로 10년이 걸리는 훈련이라고 강조하였습니다. 창의적인 마인드 이전에 훈련된 마인드가 필요하다는 주장은 창의성을 새로움으로만 이해하는 사람들에게는 받아들이기 어려운 일일 수 있습니다. 그러나 해당 분야에 대한 지식과 정보, 그리고 기술이 있을 때 참다운 창의성이 발휘됨을 경험으로 보았기에 본 서는 이에 대해 동의합니다. 가드너도 **"만약 훈련된 마음을 갖추지 못하면 남의 장단에 춤을 추는 운명이 될 것"**이라고 경고하였습니다.

* 하워드 가드너의 《미래를 위한 다섯 가지 마인드(Five Minds for the Future)》는 훈련된 마음(disciplined mind), 종합하는 마음(synthesizing mind), 창의적 마음(creating mind), 존중하는 마음(respectful mind), 그리고 윤리적 마음(ethical mind)이다.

마치 창의적이면 공부를 안 해도 된다고 생각하는 것이 옳지 않은 이유입니다. 창의적이기만 하면 미래에 잘 살게 될 것이라고 생각하는 것도 옳지 않은 이유입니다. 창의적이기만 하면 다소 예민하고, 까칠하고, 다른 사람들을 존중하지 않는 성격이라도 괜찮다고 인정해 버리는 것도 옳지 않은 이유입니다.

학교에서 자를 어떻게 사용하는지 배웠으나 주의 깊게 배우지 않았던 지호는 미래 도시를 만들면서 바른 평행선을 그리지 못하였습니다. 카드 보드지 중간에 아무렇게나 줄을 긋고 대충 그림을 그린 다음, 커터 칼로 오려서 5cm 테이프로 붙여 세운 지호는 자신의 작품에 대해 스스로 만족하였지만, 그 만족은 곧 불만으로 바뀌었습니다. 중학생 지호의 눈에도 친구들의 각이 맞는 즉, 서로 모서리가 정확히 맞는 건물과 자신의 건물이 비교되었기 때문이지요.

이제 **종합하는 마음**에 대해 알아봅시다.

'나무를 보느냐, 숲을 보느냐!' 자칫 몰입해서 살펴보면 나무만을 보게 되는 경우가 있습니다. 숲의 전체적인 변화나 숲 안에서의 역동성(dynamics)을 살피지 못하게 되는 것이지요. 다양한 출처로부터 정보를 얻고, 그 정보를 객관적으로 이해하고 평가하며, 그것을 자신과 다른 사람이 이해할 수 있는 유익한 정보로 재구성하는 능력이 필요합니다.

자기의 기술을 연마하는 훈련을 하면서 얻게 된 지식들, 학습이나 연구를 통해 얻는 다양한 정보들을 적절하게 통합하는 마음을 의미하지요. 이 과정에서 종합하는 마음을 충분히 가진 사람들은 중요한 것과 무시해야 할 것, 관심을 가져야 할 것과 흘려보내야 할 것을 판단하고, 새로운 문제점들을 찾아내기도 합니다.

그리고 나서야 창의적 마인드가 나옵니다. 가드너의 창의적 마인드는 무엇일까요?

'창의'는 특정 영역에 대한 훈련된 마음과 기술을 가지고,
그 영역에 대한 지식과 기술을 종합하는 관점으로
새로운 것을 생각하거나 새로운 의견을 내는 것입니다.

창의성, 배울 수 있다.

창의성은 배울 수 있을까요?

가지고 태어나는 것이고 가르칠 수 없는 것일까요? 여러분의 생각은 어떤가요? 현대 사회에서 창의성의 가치가 관심을 받으면서 거의 대부분의 국가와 문화권에서 창의성이라는 개념에 주목하고 있습니다. 여러분도 뒤쳐질 수는 없지요?

(1) 답보다 질문에 집중합니다.

질문이 쉬울까요? 답이 쉬울까요?

호기심을 갖는 것이 쉬울까요? 답을 찾는 것이 쉬울까요?

> 질문 < 답
> 호기심을 갖는 것 < 답을 찾는 것

질문보다 답이 쉽고 호기심을 갖는 것보다 답을 찾는 것이 쉽습니다. 5미터 앞에 있는 바구니에 공을 넣기 위해서 5미터 거리에서만 연습하는 것과 3미터, 7미터, 심지어는 10미터 거리에서 연습하는 것 중 어느 쪽이 더 좋을까요? 평생 동안 5미터 앞의 바구니에 공을 넣는 일만 할 사람에게는 5미터 거리에서만 연습하는 것도 괜찮을 것입니다.

그러나 눈앞의 바구니가 어느 위치에 있든 그 바구니에 공을 넣어야 하는 것이 목표일 때는 다양한 거리에서 연습하여 공을 조절하는 능력을 갖추는 것이 좋겠지요? 그러니 답보다는 질문을 스스로 해 보는 것, 답을 찾는 것보다는 호기심을 갖는 것에 마음을 두어 보세요.

(2) 모든 자극에 마음을 열자.

자극의 종류를 나열하자면 수도 없이 많겠지만 크게 물적 자극과 인적 자극, 그리고 정보 자극에 대해 이야기해 보도록 하지요.

물적 자극은 실물로 상징되는 자극으로 정의하고, 인적 자극은 사람이 줄 수 있는 자극, 인물 자체가 주는 자극 등으로 말할 수 있습니다. 정보 자극은 책이나 인터넷 등을 통해 주게 되는 자극으로 정의해 봅시다.

● 물적 자극

– 환경에서의 물적 자극

환경은 제3의 교사라고 합니다. 학교 교실에서 선생님들로부터 받는 수업 이외에도 여러분들이 접하는 모든 환경들이 교육적으로 가치 있는 자극들을 주지요. 그래서 숲 체험이 필요하고 견학이 필요한 것입니다.

단순히 견학 장소에 가서 체험하라는 것을 체험하고 이것저것 보고 오는 것이 아니라, 그러한 환경 속에서 여러분들이 개별적으로 취할 수 있는 환경적 자극이 가치 있는 자극이 됩니다.

– 재료가 주는 물적 자극

재료가 주는 물적 자극, 실물로 상징되는 자극으로 정의한 물적 자극은 재료, 교수 매체, 사물, 가구, 식품, 의류 등 매우 다양하며, 무엇이든 여러분에게 자극이 됩니다.

상황에 맞게 물적 자극을 생각해 내기 위해 평소에 호기심을 가지고 사물을 보아야 합니다. 홍대 입구 부근 길거리 좌판에서 보았던 아이디어 상품이 학생들의 '이동(movement)' 아이디어에 자극이 될 수도 있고, 텔레비전 프로그램에서 보았던 한 아저씨의 수제 자전거가 도움이 될 수도 있습니다.

전라남도 장흥에서 공학을 이용해 특별한 자전거를 만들고 있는 어느 장인의 페이스 북이 계기가 되어 그 사람을 영상으로 만날 수도 있고, 혼자 우연히 찾아갔던 박물관이나 미술관의 팸플릿이 자극이 될 수도 있습니다. 다양한 공구들이 자극이 될 수도 있고 여행 중 우연히 구입한 특정 나라의 문화 용품이 자극이 될 수도 있습니다.

그래서 창의적인 사람은 길을 걸을 때 산만하지요. 남이 버린 가구도, 재활용품도, 새로 바뀐 간판도, 아이디어 상품도 모두 물적 자극이 되고 가치 있는 자극이 되니까요. 망치도, 드릴도, 펜치도, 그리고 가죽을 자르는 가위도, 가죽에 무늬를 내는 도구도 모두 여러분에게 자극이 됩니다. 다행인 것은 우리나라에서 구하지 못하는 재료들은 없다는 점입니다.

특히 그 중에서도 **거친 재료와 낯선 경험**은 디자인 싱킹과 창의 공학 활동에서 매우 중요한 물적 자극이 됩니다. 색종이와 가위, 풀로 만드는 활동이 있고 MDF판과 못, 망치를 사용하는 활동이 있다면 후자가 자극적입니다.

독일의 바우하우스에서는 손이 가지 않은 즉, 가공되지 않은 원재료를 가지고 건축의 기초를 배우게 합니다. 돌, 나무, 헝겊, 흙, 메탈, 색, 유리 등이 재료입니다. 반듯하게 잘라진 나무, 색이 정해진 페인트, 굵기가 정해진 벽돌, 크기가 정해진 벽돌을 가지고 뽑아낼 수 있는 창의적 생각보다, 거칠고 다듬어지지 않은 재료로 뽑아낼 수 있는 창의적 생각들이 더 많다는 가정이지요.

● 인적 자극

인적 자극은 사람이 주는 자극입니다. 여기에서는 선생님에게 받는 자극, 또래에게 받는 자극, 그리고 모델에게 받는 자극을 설명하고자 합니다.

– 선생님에게서 오는 인적 자극

사람에게 사람이 주는 자극은 얼마나 클까요? 어릴 때 만난 특별한 선생님과의 추억은 "나도 선생님이 되어야지."라는 어렴풋한 소망을 가지게 하지 않았나요?

인적 자극, 사람도 자극이 될 수 있습니다. 지지를 보내고 의미 있는 질문을 던져 주는 교사는 여러분들에게 최고의 인적 자극입니다. 선생님들이 여러분에게 "오~ 잘했어."라고 하고, 따뜻한 미소를 보내고, "와~ 어제는 서로 균형이 잘 맞지 않더니 오늘은 잘 맞네."라고 합리적 근거에 따른 칭찬을 해 주면 더 신이 나고 더욱 성장하고 싶어지지 않을까요?

만약 여러분이 어떤 성취를 했는데 선생님이 관심도 가져 주지 않고 아무런 인정도 해주지 않고 쳐다보지도 않는다면, 신도 나지 않고 더 하고 싶은 생각도 줄어들지 않을까요? 사람이 줄 수 있는 자극 중 가장 중요한 자극은 이런 것입니다.

피그말리온 효과(Pygmalion effect)라는 것이 있습니다.

피그말리온 효과는 교사의 기대에 따라 학생의 성적이 향상되는 것을 말합니다. 교사 기대 효과라고도 하고, 로젠탈 효과라고도 하지요.

초등학교에 방문한 한 심리학자가 출석부에서 무작위로 다섯 명을 선정하였습니다. 그리고는 그 다섯 명의 학생들을 모든 사람 앞에서 '잠재력이 좋은 학생'이라고 선포하였지요. 그런데 담임 선생님은 이 심리학자의 말을 믿게 되고, 그 다섯 명의 학생들에게 긍정적인 기대감을 가지게 되었답니다. 그 결과, 1년 후 그 학생들의 성적이 실제로 놀랍도록 높아졌어요.

그래서 이러한 현상을 피그말리온 효과라고 이름 붙이게 되었지요. 그러니 선생님에게서 오는 자극은 가치 있는 자극이라 할 수 있습니다.

– 또래에게서 오는 자극

성장기의 학생이라면 부모님이나 선생님에게서 오는 인정보다 또래의 인정이 더 중요하게 생각됩니다. 그래서 선생님에게서 오는 자극보다 상대적으로 많은 자극이 또래에게서 오지요. 또래에게서 오는 자극은 성인에게서 오는 자극보다 모방하기도 쉽고 배우기도 쉽습니다. 그림을 그리는 것은 A라는 친구가 잘하니 그 친구에게서 도움을 받고, 목공을 하는 것은 내가 더 잘하니 내가 도움을 줄 수 있습니다. 이런 구조로 프로젝트 기반 학습에서의 협업이 이루어지게 되지요.

모둠 활동을 하다 보면 항상 한 친구가 거의 책임을 지고 활동을 하며, 누군가는 계속 어떤 모둠 활동을 하든 별로 참여하지 않는 경우가 있습니다. 프로젝트 기반 학습은 각자가 가진 강점에 의해 협업을 하는 구조이기 때문에 서로 가르칠 수 있고 서로 배울 수 있습니다.

아파트에서 쉽게 쓰레기를 버릴 수 있었으면 좋겠다는 의견들이 있어서 아파트를 상자로 짓고 각종 파이프로 아파트 벽들을 연결하고 있었다. 아마도 '아파트에서 아래로 내려가지 않고 그냥 집에서 훅 던지면 버려지는 것'에만 집중하게 되었던 것 같다. 지도 교사는 아무 말도 하지 않았다. 단지 파이프가 너무 많아지는 것에 대해 "아~ 너무 많아."라고 하였을 뿐이다.

그런데 한 친구가 "음식물 쓰레기는 어떻게 해?"라고 물었고 그 친구를 제외한 모든 학생들은 "음식물 쓰레기도 그냥 여기에서 버리면 돼."라고 쉽게 대답하였다. 그런데 그 친구는 "냄새는?"이라고 하였고, 잠시 멈칫하던 학생들 사이에서 한 학생이 그물 같은 것을 가지고 와서 파이프 가운데에 젓가락으로 밀어 넣었다. 그리고는 "이제 덜 날 거야."라고 하였다.

역시 별 고민 없는 간단한 제시였다. 하지만 "이제 덜 날 거야."라고 답하는 순간 많은 학생들이 동시에 "그러면 아래층은 어떻게 해?", "이런 그물망이 있으면 국물만 빠져나가잖아. 덩어리는 어떻게 해?", "땅에 묻으면 되지.", "땅에 묻으면 그 오염을 어떻게 해?"라고 하며 난리가 났다.

그저 한 학생이 "음식물 쓰레기는 어떻게 해?"라고 물었을 뿐이다. 모든 학생들이 그저 빨리 간단하게 쓰레기 버리러 내려가지 않고 집에서 버리는 것에만 집중해 있을 때 한 학생이 다른 관점 하나를 제공했을 뿐이지만, 그 자극은 문제 해결에 매우 중요한 물꼬를 트게 된 것이다.

– 모델에게서 오는 자극

다음으로 모델에 의한 인적 자극입니다. 바라보고, 그를 닮아 성장하고 싶은 모델이지요. 대체로 '위인'이라고 하면 이미 돌아가신 예전 분들을 말합니다. 세종대왕도 우리 모두에게 위인이고, 이순신 장군도 위인이지요. 그러나 시대가 다르고 상황이 다르다 보니, 그 분들에게서 배운 것이 지금 자라나는 개인들의 성장에 도움이 되는 부분은 극히 제한적일 수밖에 없습니다.

모델은 닮아 가고 싶은 사람이기도 하고, 닮을 수 있는 사람일 수도 있습니다. 두 사람 즉, 엘런 머스크(Elon Musk), 조너선 아이브(Jonathan Paul Ive)의 예를 들어 보겠습니다.

앨런 머스크(Elon Musk)

우리들에게 아이언맨의 모티브로 알려져 있는 앨런 머스크는 실제로 영화 '아이언맨'에 출연하기도 하였습니다. 1971년에 태어난 앨런 머스크는 어릴 때부터 지구를 구하겠다고 꿈을 키웠고, 그 꿈을 키우기 위해 하루에 10시간 이상 책을 읽어 책벌레라는 별명을 가지고 있었습니다. 모형 로켓을 만드는 것에도 취미를 가지고 있었지요.

● 아이언맨의 모티브가 된 앨런 머스크

성공한 기업가이기도 한 머스크는 'Paypal'의 전신인 온라인 결제 서비스 회사 'x.com', 그리고 로켓 제조 회사 겸 민간 우주 기업 '스페이스 X'를 창업하였고, 전기 자동차 회사 테슬라의 CEO이기도 하니 그것만으로도 대단하지요. 하지만 그는 지금도 여전히 지구를 구하겠다는 꿈을 키우고 있습니다.

이제 그만 꿈을 접고 편안하게 살아도 되지 않을까요? 그러나 그는 지금도 자신의 모든 것을 걸고 지구 구원과 화성 탐사를 실험하고 있습니다. 멋있는 일입니다. 가장 기억에 남는 말은 자신을 소개할 때 '어릴 때 그랬던 것처럼 지금도 엔지니어'라고 소개한다는 점입니다.

조너선 아이브(Jonathan Paul Ive)

1967년생인 조너선 폴 아이브는 현재 애플의 최고 디자인 책임자입니다. 산업 디자인을 전공한 아이브는 놀랍게도 컴맹이었고 난독증이 있었어요. 특히 그가 컴맹이었다는 사실은 모두가 알고 있는 사실이었지요. 그런데 어느 날 그가 맥(Mac)을 만났고, 운명처럼 맥에 빠져 들었답니다. 유명한 사람들은 실패도, 힘든 시기도 없었을 것이라고 우리는 쉽게 오해를 합니다. 아

● 조너선 아이브

이브는 애플에 취직한 후에도 수없이 많은 실패를 하였고 인정도 받지 못했습니다. 대부분의 몰입형 인간들이 그러하듯, 그럼에도 불구하고 디자인이 제품 설계의 중심에 서야 함을 강력하게 이야기하고 디자인 개발에 힘을 쏟았습니다.

그의 디자인 키워드는 '미니멀리즘'입니다. 자신의 방에는 아무도 들어오지 못하게 할 정도로 수줍음이 많은 사람이었지만, 어쩌면 그런 성향 때문에 미니멀리즘이 개발되었는지도 모릅니다.

● 나를 브랜딩하라.

여러분이 가지고 있는 장점은 무엇인가요?

다른 사람은 신경 쓰지 말고, 자기 자신만의 장점이라고 스스로 인정하는 것을 써 보세요.

최소한 다섯 가지, 최대한 열 가지 정도를 써 보세요.

1. _____

_____

2. _____

_____

3. _____

_____

4. _____

_____

5. _____

_____

6. _____

_____

7. _____

_____

8. _____

_____

9. _____

_____

10. _____

_____

스큐어모피즘(skeuomorphism)과 미니멀리즘(minimalism)

스큐어모피즘은 대상을 원래 그대로의 모습으로 즉, 사실적으로 표현하는 디자인 기법으로 3차원적이고 사실주의적입니다. 상당수의 소프트웨어가 스큐어모피즘 디자인을 사용하지만 불필요한 디자인 요소가 많고 복잡하여 대상의 핵심을 빨리 파악하기 어렵습니다. 하지만 스티브 잡스의 사망 전까지는 애플도 스큐어모피즘으로 디자인이 이루어졌습니다.

● 스큐어모피즘 디자인

이에 비해 미니멀리즘은 최소한의 요소만을 사용하여 본질을 표현하는 예술 사조입니다. 모든 기교를 지양하고 근본적인 것을 표현하는 기법으로 최근 'MUJI'의 콘셉트도 그렇고, 아이폰의 콘셉트도 미니멀리즘입니다.

● 미니멀리즘

● 정보 자극

– 인터넷 검색 정보

지금은 정보가 넘쳐나는 시대이고 책이나 강의, 온라인, 인터넷 등을 통해 접할 수 있는 정보가 너무나 많습니다. 여러 가지 문제점도 있고 적절한 자극을 찾는 것은 힘들지만 그래도 정보는 분명히 여러분에게 자극입니다. 특히 디자인 싱킹을 통해 창의 공학을 열어 가려면 많은 정보들이 필요한 것도 사실이지요.

그러나 아무 정보나 자극이 되는 것은 아닙니다. 제대로 된 정보가 도움이 됩니다. 그런데 어떻게 제대로 된 정보를 접해야 하나요? **정보는 가능하면 '글로벌 사이트(global site)'에서 접하는 것이 좋습니다.** 세계 어느 나라에서나 통용되고 정보화 되는 것들을 접하는 것이 좋기 때문입니다. 국내 사이트에서 기사 형식으로 나온 간단한 정보로는 정보 능력을 높일 수 없습니다. 또한, 국내 사이트의 화면에는 부적절한 정보들(예 광고물)이 너무 많습니다. 그러니 글로벌 사이트를 많이 이용하도록 합시다.

예를 들어 '간식'을 우리나라 사이트에서 검색하면 우리가 잘 알고 있는 간식들만 검색되겠지요. 하지만 자동 번역기를 이용해서라도 중국의 바이두(www.baidu.com) 검색 엔진에서 간식을 검색하면 전혀 다른 간식거리들이 나옵니다. 스페인어로 찾으면 남부 유럽의 간식들과 남미의 간식들이 나타납니다. 아이들이 보다 넓고 다양한 시각, 세상의 다양성을 배워나가기 위해서는 글로벌 사이트를 활용하여야 합니다.

검색할 때는 복수의 자료들을 검색하여 그것들을 끊임없이 검증해야 합니다. 앞서 언급했던 쓰레기 처리 비용 사례처럼, 검증된 자료를 얻기 위해서는 한 번의 검색으로 끝낼 것이 아니라 여러 번 검색하고 서로 비교하여 공신력 있는 자료를 선별해야 합니다.

계속된 검색은 이를 통해 새로운 정보를 얻게 되어 지식을 확장시키는 기능도 가지고 있습니다. 검색 엔진은 우리가 원하고 필요로 하는 지식을 쉽게 찾을 수 있도록 도와주지만, 모든 내용들이 웹 사이트 검색 한 두 화면에 걸쳐져서 나오는 것은 아닙니다. 예를 들어 요즘 검사들이 영화에서는 서로를 '김 검사, 이 검사'라고 부르지 않고 '김 프로, 이 프로'라고 부릅니다. 밖에서 서로의 직위를 부르는 게 부담스럽기 때문에 골프 선수를 빗대어 표현한 것이지요.

이런 사실들은 '검사의 생활'로 검색할 경우 처음에 검색되지 않고 100페이지를 넘어갈 때 즈음에 서로에 대한 칭호가 나오면서 등장하는 내용들입니다. 하나의 주제를 정하고 올바른 검색 알고리즘을 정했으면, 최대한 많은 자료들을 얻어야 하는 이유입니다.

– 역사에서 오는 정보
"역사에서 디자인 싱킹과 창의 공학과 관련된 정보, 미래와 관련된 정보를 얻는 것이 가능할까?"라는 의문을 가질 수 있습니다. 두 가지 측면에서 역사에서 오는 정보를 참고할 수 있습니다. 하나는 **시대적 유행에 대한 이해**입니다. 사람들의 관심도 유행이 있는 것 같습니다. 누군가가 최초로 무엇을 만들었다고 하면 동시대에 같은 관심을 가지고 같은 발견이나 발명을 한 사람이 있습니다. 누가 진실로 최초인지를 가려야 하는 법적 소송까지 간 경우도 있었지요.

예를 들어 뉴턴과 라이프니츠는 거의 동시에 미적분법을 발견하였습니다. 전화기는 벨이 발명한 것으로 알고 있지만, 그레이도 비슷한 시기에 발명하여 특허권을 두고 역사적인 법적 소송을 벌였습니다. 그러니 우리가 지금 어떤 관심을 가졌다고 할 때, 누군가는 나와 비슷한 생각을 가질 수 있다는 것을 알아야 합니다. 저작권과 특허권이 있는 시대이므로 자칫 문제가 될 수 있습니다.

두 번째로 역사에서 오는 정보는 과정을 알아야 합니다. 전화기가 발명되었으나 그것이 끝이 아니었습니다. 최초의 전화기를 보고 누군가는 거기에 새로운 아이디어를 얹어 만들고, 또 새롭게 만들고, 이런 과정을 거듭해서 오늘날의 스마트폰이 되었겠지요. 그러니 우리가 생각하는 문제 해결 방법이나 전략과 유사한 것이 역사 속에서 있었는지 찾고, 거기에서 출발해 보는 것도 좋습니다.

로켓에 대해 알아볼까요? 로켓의 시초는 무엇일까요? 로켓의 시초는 중국에서 11세기 초에 발명되었다고 전해지고 있지만, 그 누구보다 로켓에 관련된 원리를 정리하여 '로켓의 아버지'라고 불리는 사람은 콘스탄틴 치올코프스키(Tsiolkovsky)입니다. 공기보다 무거운 물건을 어떻게 비행시키느냐에 관심을 두고 수학적 계산으로 이를 해냈습니다. 역사적 정보를 아는 것은 여러분에게 힘이 됩니다.

– 기술적 정보

디자인 싱킹과 창의 공학을 위해 기술적 정보들이 필요합니다. 순서도에 맞추어 그냥 만드는 것이 아니라, 여기에 어떤 기술이 적용되었는지를 아는 것이 미래 인재로 크는 데 도움이 됩니다. 그냥 키트로 제공된 것들을 생각하지 않고 연결만 한다면 여러분이 투자한 시간들의 의미가 없습니다.

우선은 **종류에 대한 혹은 유형에 대한 정보**입니다. 어떤 종류와 어떤 유형이 있는지, 언제 어떤 상황에서 어떤 기준으로 선택하게 되는지 등의 정보를 알아봅니다. 트러스교(Truss Bridge)의 예를 들어 보겠습니다. 모양에 따라, 힘에 따라 이름이 다릅니다. '왜 그럴까?'를 따지다 보면 내가 만들 트러스교를 실수 없이 만들어 볼 수 있겠지요.

다음으로는 **원리에 대한 정보**입니다. 어떤 힘으로 움직이는지에 대한 원리 정보이지요. 원리를 알고 나면 나만의 디자인을 만들고 나만의 작품을 만들 때 실수를 줄일 수 있고, 문제가 생길 때 보다 빨리 문제를 해결할 수 있습니다.

 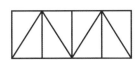 

 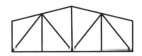 

● 트러스교의 종류

"배우되, 바쁘지 마라."

"배우되 바쁘지 마라. 바쁘면 안 된다." 한가함이나 나태함, 게으름 등의 단어들은 부정적인 평가를 할 때 회자됩니다. 바쁘면 머리는 안 돌아갑니다. 100% 정확한 사실입니다. 경험상 정말 100% 입니다. 이 수업을 마치면 바로 다음 수업으로 들어가야 하는 경우 창의성은 나올 수 없습니다.

"배우되 바쁘지 마라."는 이야기는 머리로 들으면 안 됩니다.

실제로 한가할 수 있나요? 그래서 하늘도 볼 수 있고, 하늘을 나는 새들에게 말을 걸 수도 있나요? 지나가는 사람의 발걸음도 보고, 어린 아이의 수줍은 표정도 볼 수 있나요? 자동차의 엔진 소리도 듣고, 눈을 감고 카페의 커피 내리는 소리도 듣고, 사람들의 키보드 치는 소리도 들어 보세요. 휘~ 소리를 내며 불어오는 시원한 바람도 감성으로 느끼고, 숨도 한번 크게 들이 마시며 가슴 깊이 들려오는 긍정의 소리를 들을 수 있는지 보세요.

최근 뇌 과학의 발전으로 지금까지 우리가 알고 있던 많은 것을 뒤집는 결과들이 속속 발견되고 있습니다. 가만히 아무 것도 안 하고 있으면 문제라고 생각해 왔었지요. 아무 것도 하고 있지 않을 때, 과연 뇌도 스위치가 내려가 꺼져 있는 것일까요?

여러분이 눈을 감으면 여러분의 눈이 기능을 닫는 것이 아니라 눈꺼풀만을 보고 있는 것입니다. 바쁠 필요가 없습니다. 가만히 있어도, 아무 것도 하고 있지 않은 것이 결코 아니니까 말입니다.

대단원 마무리

❶ 창의란, 새로운 의견을 생각하거나 의견을 내는 것, 혹은 새로운 생각 그 자체입니다.

❷ 새로움은 모방을 하면서 그 안에서 새로운 아이디어를 추가해 생각날 수 있습니다. 또한, 다름을 경험 하면서도 생각날 수 있고, 마지막으로 불편함에서도 생각날 수 있습니다.

❸ 하워드 가드너는 창의적 마음 이전에 두 가지 마음이 있어야 한다고 하였습니다. 그 두 가지는 훈련된 마음(disciplined mind)과 종합하는 마음(synthesizing mind)입니다.

❹ Ⅱ 단원에서 우리는 세 가지 종류의 자극에 대해 이야기하였습니다. 그 세 가지 자극은 물적 자극, 인 적 자극, 그리고 정보 자극이었습니다.

1) 물적 자극은 크게 환경 자극과 재료가 주는 물적 자극입니다.
2) 인적 자극은 선생님에게서 오는 자극과 또래에게서 오는 자극, 그리고 모델에게서 오는 자극입니다.
3) 정보 자극은 인터넷 검색 정보, 역사에서 오는 정보, 그리고 기술적 정보입니다.

❺ 어떤 기술이 적용되었는지를 아는 것은 기술적 정보입니다. 기술적 정보는 첫 번째로는 종류나 유형 에 대한 정보이고, 두 번째로는 원리에 대한 정보입니다.

III

생각하다,
이제는 디자인 싱킹 시대

디자인 싱킹이란 무엇인가?

생각하는 힘, 디자인 싱킹!

디자인 싱킹은 미래에 유능하게 살아갈 우리들에게 반드시 필요한 능력입니다. 단순한 암기나 반복적인 학습, 성실한 태도만으로 살 수 있는 시대는 지나가고 있습니다. 왜 그럴까요? 인간보다 더 빨리 외우고, 더 빨리 자료를 찾고, 더 성실한 로봇이 보편화될 것이기 때문이지요. 생각하는 힘을 가진 자만이 경쟁력을 가집니다.

디자인 싱킹의 뜻을 알아볼까요? 우선 싱킹(thinking) 즉, 생각하기에 대해 알아봅시다. '생각하다'의 국어 사전적 정의는 사물을 헤아리고 판단하는 것, 그리고 어떤 사람이나 사물에 대해 기억하거나 관심을 가지는 것입니다. 유의어로 '구상하다', '궁리하다' 등이 있습니다. '생각 좀 하고 행동하라.'고 하면 좀 더 신중하라는 의미로 통하고, '생각 없는 사람'이라는 말 역시 신중하지 못한 사람을 의미하는 것이기도 합니다. '생각 좀 하고 살아라.'라는 말로 혼난 기억도 있겠지요?

디자인(design)이란 무엇일까요? 디자인은 의상이나 공예품, 공업 제품, 건축 등에서 실용적 목적을 가진 작품의 설계나 도안을 의미합니다. 유사어로는 '설계'를 들 수 있습니다. 디자인과 싱킹의 합의어로 보자면 의상이나 공예품, 공업 제품, 건축 등에서 **실용적 목적을 가진 작품의 설계나 도안을 하기 위해, 그리고 실제 문제 해결을 위해 관심을 가지고 헤아리고 판단하는 것**으로 정리할 수 있습니다.

디자인 싱킹을 통해 배출되는 아이디어들은 마치 디자이너의 마음처럼 '사람들'의 요구, '사람들'의 평가, '사람들'의 선호 등을 염두에 두어야 합니다. 사람들의 요구나 평가, 선호 등을 놓치면 아무리 좋은 아이디어라도 현실적이고, 타당하고, 적절한 문제 해결 방안이 될 수 없기 때문입니다. 그래서 **디자인 싱킹을 처음 하거나 익숙하지 않은 학생들과는 '불편함'에서 비롯된 것으로 주제를 잡는 것이 좋습니다.** 내 이야기이기도 하고 친구의 이야기이기도 하기 때문이지요.

예를 들어 '비 오는 날에는 가방도 들고, 스마트폰도 들고, 우산도 들기가 힘들다.'라는 문제를 제기하면, 모든 학생들은 자신의 경험이기도 하고 친구의 경험이기도 해서 비교적 구체적이고 현실적으로 해결 방법을 찾으려고 노력할 것입니다. 자연스럽게 사람들의 요구나 평가, 선호 등을 고려하는 디자인 싱킹이 가능해지지요.

2. 디자인 싱킹 과정

디자인 싱킹 과정에 대해 알아보기 전에 '과연 내가 할 수 있을까?'라는 질문이 있을 것 같아서 답해 보겠습니다. 정답은 '네. 누구나 할 수 있습니다. 그것도 아주 잘 할 수 있습니다.'입니다.

모두가 처음이라서, 누구나 잘할 수 있습니다.

암기하는 것에는 어느새 우리 모두가 익숙해져 있습니다. 암기하는 것이 미래를 살아가는 데 별로 도움이 안 된다는 것 정도는 모두 알고 있지만, 그래도 '암기'는 우리에게 최고의 학습 방법처럼 여겨지고 있습니다. 아직도 인수 분해를 외우고 있으니까요. 아직도 교실에서는 어느새 '잘 외우는 사람'과 '잘 외우지 못하는 사람'으로 구별되는 경우도 있으니까요.

그런데 다행히도 '생각'은 그렇지 않습니다. 우리는 대부분 이 분야에 대해 초보입니다. 그러니 역으로 이야기하자면, 디자인 싱킹은 누구나 잘 할 수 있는 것입니다. 다르게 이야기해 봅시다. 스마트폰이 처음 세상에 나왔을 때에는 그 누구도 '스마트폰을 잘 하는 사람'과 '스마트폰을 잘 못하는 사람'으로 나눌 수 없었습니다. **모두 처음이었으니까요.** 그리고 할아버지가 손자한테 배우고 어른이 아이한테 배우는 것이 스마트폰이었습니다.

디자인 싱킹도 마찬가지입니다. 뭐 그다지 수준에서 차이가 나지 않습니다. 학생들은 더더욱 그렇지요. 경험의 차이가 있다고는 하지만 기본적으로 거의 모두에게 처음입니다. 그래서 누구나 잘할 수 있습니다.

호모 사피엔스(Homo Sapiens)는 생각하는 인간이라는 뜻을 가진 우리의 이름입니다. 그러니 인간 본연의 모습으로 돌아가려고 하고 있는 것이 아닐까요? 어릴 때부터 들어 왔던 호모 사피엔스 즉, 생각하는 인간을 기억해 본다면 말이지요. 그러니 디자인 싱킹은 누구나 잘할 수 있는 것입니다.

인간은 생각하는 능력을 가지고 태어났고 그 능력을 지금도 가지고 있습니다. 사용하지 않고 있을 뿐이지요. 조금만 훈련하면 생각은 원래대로 "응. 나는 인간이니까 생각할 수 있어."가 되겠지요? 그러니 누구나 잘할 수 있습니다. 이제 디자인 싱킹 과정에 대해 알아봅시다.

디자인 싱킹 과정은 다섯 단계입니다. 그 다섯 단계를 그림으로 표현하면 다음과 같습니다.

❶ 공감(Empathy) 단계

첫 번째 단계는 공감 단계입니다.

> 아~ 진짜, 스마트폰이 액정이 깨졌어.
> 정말? 어떻게 해! 진짜 속상하겠다.
> ·····························
> 머리를 조금만 다듬어 달라고 했는데, 이렇게 확 잘라 버렸어.
> 아~ 그러면 진짜 짜증나는데~ 속상하지?

공감은 인간 중심적인 디자인 과정의 핵심이라고 할 수 있기에 가장 중요한 단계라고도 할 수 있습니다. 디자인 싱킹이 사용자 중심(user contorod; UX)이라고 말하는 이유도 거기에 있습니다. 같은 마음과 같은 느낌을 가지는 것이 공감이고 깊이 이해하는 것이 공감입니다.

'왜 특정 상황이 벌어지는 거지?', '왜 사람들은 그렇게 행동하는 거지?' 등에 대해 이해하려고 하는 것이 공감입니다. 그래서 많이 관찰하고, 많이 묻고, 많이 고민하게 되고, 많이 통찰하게 됩니다. 그리고 그 관점에서 문제를 풀어 보고자 하는 것이 공감입니다.

미세 먼지에 대해 학생들과 이야기를 해 보았습니다. 미세 먼지가 너무 많아져서 하늘은 뿌옇고 목은 칼칼하지요. 기분도 별로 좋지 않은 것 같습니다. 이런저런 이야기를 하고 있는데 한 학생이 웃음을 주체하지 못하면서 '켁켁' 소리를 내면서 죽는다며 혼자서 허리를 잡고 웃었습니다. 일반적으로 교실에서 한 학생이 장난을 치면 교사가 조용히 하라고 지적을 하지요. 그런데 이 학생이 미세 먼지 때문에 자기는 죽는다고 '켁켁' 하면서 웃자 다른 학생들이 일제히 "야~ 조용히 해."라고 하였습니다.

이것도 공감입니다. 독자들은 "이것이 공감이라고? '켁켁' 하며 웃는 친구에게 조용히 하라고 한 것이?"라고 물을 수 있습니다. 아닙니다. 그것이 공감이라는 뜻이 아닙니다. 학생들이 모두 '미세 먼지'에 집중해 있는, 그것이 공감이란 의미입니다. 공감에 포함되는 것들을 간단히 적어 보겠습니다.

'공감에는 몰입이 포함됩니다.'

공감에는 몰입(Immersion)이 포함됩니다. 위에서도 잠깐 언급하였지만, 특정 주제와 특정 문제가 주어지는 순간 해당 주제나 문제에 관련된 것들이 유독 많이 보이고 많이 들리게 됩니다. 그저 보는 것이 아니라 관찰하는 것입니다. 이것이 몰입의 즐거움입니다.

구름을 보게 되고 하늘을 보게 됩니다. 스쳐 지나가던 사람들의 움직임이 모두 눈에 담겨지고 사람들의 말소리가 전부 들리게 됩니다. 보이지도 않던 간판들이 지금 가지고 있는 주제나 문제와 관련되면 유독 눈에 많이 보이게 되고, 인터넷 검색을 해도 그냥(마치 노력하지 않아도 정보들이 손을 흔드는 것처럼 느껴질 정도로) 정보들이 눈에 보입니다. 이것이 몰입이며, 몰입의 즐거움입니다.

'공감에는 절대적으로 시간이 필요합니다.'

공감에는 절대적으로 시간이 필요합니다. 그저 바쁘게 짧게 생각해서는 질적인 디자인이 나오지 않습니다. 메이와 덴키(Maywa Denki)의 '토사(Tosa)'는 자신의 싱킹 과정을 이렇게 이야기하였습니다. 생각하고, 또 생각하고, 또 생각하였다고요. 그림을 그리기 전에 이미 생각 속에서 수많은 수정이 일어나고, 잘못될 수 있는 부분을 수도 없이 머리에 굴려 본다고 하였습니다.

그러려면 절대적으로 시간이 필요합니다. 누군가가 옆에서 "빨리 해, 무슨 생각을 그렇게 오래 하는 거야?"라고 한다면 이 책을 읽은 독자는 그런 말을 하는 사람에게 이렇게 이야기할 수 있습니다. **"생각이 뭔지도 모르는 사람이군."**

'공감에는 그 중심에 나를 둘 수 있어야 합니다.'

공감에는 그 중심에 나를 둘 수 있어야 합니다. 공감은 다른 사람의 느낌과 생각을 그 사람 입장에서 그대로 느끼고 생각하는 것입니다. 그러나 멀리 물러나서 느끼고 생각하는 것이 아닙니다. 그들의 바로 옆 아니, 그들 자체여야 합니다.

지금 미세 먼지 때문에 기침이 많이 나는 사람의 아픔이 같이 느껴져야 하고, 자기가 키우는 반려견의 소리를 해석하고 싶어 하는 사람 옆에서 같은 느낌으로 반려견을 볼 수 있어야 합니다.

> **공감의 단계에서 나와야 하는 결과물**
>
> 아!~~~~

❷ 정의(Define) 단계

두 번째 단계는 정의(Define) 단계입니다.

명확하게 정하는 것이지요. 표적을 정하는 것이라고 할 수 있습니다. 집중, 몰입, 정확성, 합의 등의 단어들이 머리에 떠오르지요.

분명하게 한다. 그런 의미의 명확화(Clarification)라고도 할 수 있어요. 해결해야 할 것이 무엇이고, 집중해서 알아내야 할 것이 무엇인지 분명하게 하는 단계지요. 중간에 삼천포로 빠지지 않도록 분명히 하는 단계입니다. 그냥 정하면 되지, 그냥 알려 주면 되지, 이 단계가 왜 필요하단 말인가? 이러한 이유로 우리는 그동안 스스로 생각하기를 멈추고 있었습니다. 뭐라고 할까? 그저 누가 정해 주는 대로 살아왔단 말이지요.

디자인 씽킹을 하는 사람이라면 반드시 이 단계에서 무엇을 구하고자 하고, 무엇을 알아보고자 하고, 무엇을 나누고자 하는지를 정확히 하고 진행해야 합니다. 몇 번 반복하더라도 **'우리가 집중하기로 한 것, 우리가 해결하고자 하는 문제, 그 범위와 내용'**을 확인해야 합니다. 몇 번이라도 반복해야 하고 같이 활동하는 팀 구성원들끼리 완전히 합의되는 과정이 있어야 합니다. 그래서 이 단계를 거치고 나면 출발점(start point)이 정해지고 관점(point of view)이 정해집니다. 그래서 몰입이 시작됩니다.

초등학교 1학년쯤 된 한 아이가 자전거를 타고 사거리를 향해 신나게 달려가고 있었다.

- '위 상황을 읽고 어떤 생각이 드나요?'라는 질문에 답을 해 보자.

속도를 줄이지 못하고 달려가고 있는데, 만일 다른 쪽 길에서 역시 자전거를 타고 달려오는 아이가 있다면 둘이 부딪쳐서 큰 사고가 날 것이다. 코너에서는 무조건 속도를 줄이도록 해야 하지 않을까?

아~ 나도 어릴 때 학교 복도에서 뛰다가 코너에서 다른 아이랑 부딪쳐서 코피가 난 적이 있었는데, 아~ 그거 진짜 아픈데……. 그렇다고 비싼 거울을, 더구나 볼록 거울을 코너마다 붙일 수도 없고, 어쩌지?

이처럼 공감이 꼬리에 꼬리를 물고 나온다면, 그 공감에 근거해 볼 때 해결해야 할 문제는 '위험'에서 출발할 수 있다. 그리고 이를 문장으로 기술하면 '보이지 않는 곳에서의 위험은 예측하기 어렵다.' 정도로 해도 좋을 듯하다.

⇨ 보이지 않는 곳에서의 위험은 예측하기 어렵다. 어떻게 하면 예측하게 할 수 있을까?

한 아주머니가 아기를 안고 쇼핑백을 들고 걸어가고 있었다. 쇼핑백의 밑부분이 무척 볼록해 보인다.

- '위 상황을 읽고 어떤 생각이 드나요?'라는 질문에 답을 해 보자.

아~ 조금 있으면 저 쇼핑백이 터질지도 모르겠다. 아기를 안고 있는데, 어떻게 하지? 볼록한 걸 보니 분명히 저 안에 사과 같은 것들이 들어 있을 것 같은데 어떻게 하지?

누구나 경험해 보았을 법한 일 아닌가? 그러면 이런 공감에 근거해서 해결해야 할 문제는 무엇인가? 아마도 '무게'에서 출발할 수 있다. 그리고 이를 문장으로 기술하면 '쇼핑백의 크기와 담을 수 있는 물건의 무게를 맞추자.' 정도로 해도 좋을 듯하다.

⇨ 쇼핑백의 크기와 담을 수 있는 물건의 무게를 맞추자.

"서두르지 마세요. 천천히, 천천히 가세요."

정의(Define) 단계에서 반드시 짚고 넘어가야 할 것들을 정리해 보기로 합시다. 한 가지는 **흩어진 이야기 모으기**(collect scattered stories)이고, 다른 하나는 **하나의 문장으로 표현하기**(one sentence statement)입니다.

흩어진 이야기 모으기

무엇을 해야 할지를 명확히 정하기 위해서는 공감 단계에서 서로 나누었던 이야기들을 모으는 일을 해야 합니다. **Collect scattered things.** 흩어져 있는 것들을 모으는 것입니다. 이 단계를 쉽게 하는 활동은 분류입니다. 돼지 저금통이 묵직해지면 왠지 부자가 된 느낌이 들지 않았나요? 어려서는 그 기대감이라는 것이 엄청 났지만, 커서는 뭐 사실 동전 굴러다니는 것을 돼지 저금통에 넣었을 뿐이지 큰 기대는 없었습니다. 그런데 어느 날 '한번 깨 보자.'해서 열게 된 돼지 저금통은 내 손에 무려 26만 원 정도를 쥐어 주었지요.

10원짜리는 10원짜리끼리, 100원짜리는 100원짜리끼리, 500원짜리는 500원짜리끼리 모아 비닐봉지에 서로 나누어 담고 은행으로 향했었습니다. 그런데 막상 은행에서는 그 비닐봉지를 모두 뜯더니 어떤 기계 속에 합쳐서 쏟아 붓더라고요. 그 기계라는 것이 신기해서, 분류를 다 하고 합계까지 떡하니 계산되어 나오더라고요. 어쨌든 그렇게 거의 26만 원 정도 되는 돈을 받은 적이 있었습니다. 공돈이 생긴 느낌으로 말이지요. 그런데 여기에서 무엇인가 감이 잡히지 않나요? 바로 분류입니다. 비슷한 것들, 아니 같은 것들끼리 묶는 것입니다.

우선 첫 번째로, 여러분들도 서로 공감된 바를 이야기하고 생각한 것들을 이야기하면서, 유사한 단어나 유사한 문장들이 나오는지를 봅니다. 그리고 그 다음에는 그것들을 적습니다. 그러면 자연스럽게 어디로 모이는지, 어디를 향하는지 어렴풋이 알 수 있게 됩니다. 그 후에 **모두가 합의된 '무엇'을 만들 수 있습니다.**

하나의 문장으로 표현하기

흩어진 이야기 모으기 단계를 거치고 나면 하나의 결과물이 나와야 합니다. 명확하게 해서, 모두가 동의하는 하나의 문장으로 기술된 문제 혹은 주제로 만드는 작업입니다. 흩어진 것에서 모은 것을 중립적으로 즉, 소수의 의견으로 몰리지 않고 주관적이지 않은 입장에서 하나의 문장으로 만들어 봅니다. 큰 종이에 완성된 하나의 문장을 적어 모든 친구들이 볼 수 있게 붙여 놓습니다. 여러분 스스로 합의하여 명확화한 것을 확인하며 활동하기 위해서입니다.

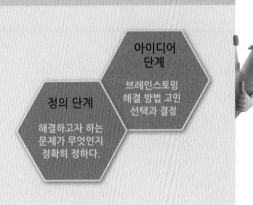

정의(define) 단계에서 아이디어(ideation) 단계로 넘어가기

아이디어 단계에서는 실제로 문제를 해결할 방법들을 산출하게 됩니다. 따라서 정의 단계에서 아이디어 단계로 넘어갈 때는,
명확하게 적은 하나의 문장을 기억하고, 자신들의 관점을 다듬고, 실제 해결 과정으로 들어가야 합니다.
"자, 이제 어떻게 할까?"라고 할 수 있습니다.

아이디어 단계
브레인스토밍
해결 방법 고민
선택과 결정

정의 단계
해결하고자 하는 문제가 무엇인지 정확히 정하다.

❸ 아이디어(Ideation) 단계

세 번째 단계는 아이디어 단계입니다.

실제로 문제를 해결하기 위해서, 합의한 주제를 알아보기 위해서 아이디어를 산출하는 단계입니다. 흥미롭게도 아이디어 단계에서 해야 할 일은 첫째로는 **가능한 모든 아이디어를 산출하는 것**이고, 다음으로는 **최적의 아이디어를 선택하는 것**이랍니다.

우선 가능한 모든 아이디어를 산출하는 것이 중요합니다. 이 단계에서는 브레인스토밍, 보디 스토밍, 마인드맵, 조사, 연구 그리고 스케치하기 등이 모두 포함되며, 생각의 정리와 수정, 보완 등의 모든 작업이 요구됩니다. 절대 오해하면 안 되는 것이 있습니다.

"아~ 공감하고 문제를 명확히 해서 아이디어를 내는 것이구나."라고 판단하면 안 됩니다. 오히려 다음 그림과 같이 이해하는 것이 정확합니다.

퍼졌다. → 모였다. → 퍼졌다.

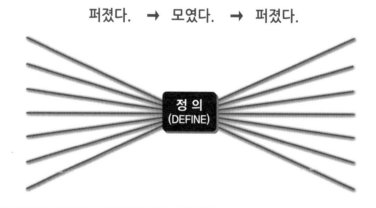

아이디어 단계는 모든 가능성이 다 나오는 단계입니다.

　가능한 모든 아이디어들을 내놓는 것이 좋습니다. 친구들끼리도 "와, 그게 뭐야?"라고 핀잔을 주지 않습니다. 누구도 다른 누구의 아이디어에 대해 평가하지 않습니다. 아이디어를 결정하는 것이 이 단계의 주요 과제가 아니라, 가능한 모든 아이디어를 내놓는 것이 주요 과제이기 때문입니다. 그것도 제한 없이 말입니다.
　이전 단계에서 정의한 문제를 해결하기 위한 모든 가능한 아이디어를 내놓아 보세요. 이를 위해서 학생들은 다 같이 브레인스토밍(Brainstorming), 보디 스토밍(Bodystorming), 마인드 매핑(Mind mapping) 등을 할 수 있습니다.

　브레인스토밍은 '뇌를 흔든다. 뇌에서 폭풍이 일어난다.' 뭐 이렇게 비유해 볼 수 있겠네요. 아이디어를 내기 위해서 뇌를 흔든다고 생각해 보세요. 용어 그대로를 받아들여서 우리는 그저 생각하기를 브레인스토밍으로 알고 있는지도 모릅니다. 그러나 **브레인스토밍은 뇌(Brain)＋폭풍(Storm)**입니다. 뇌가 폭풍처럼 움직이는 것이지요. 뇌를 흔드는 것입니다.
　주제와 관련하여 혹은, 문제와 관련하여 생각나는 연관 단어들을 모두 쏟아내 보도록 합니다. 그런 과정 중에 풍성한 아이디어가 나올 수 있습니다.

　보디스토밍도 브레인스토밍과 유사하게 이해하면 됩니다. **몸(Body)＋폭풍(Storm)**입니다. 생각을 하기 위해, 아이디어를 내기 위해 몸을 움직여 보는 것이지요. 특히 이야기만으로, 토론만으로, 생각만으로 아이디어가 떠오르지 않을 때 몸을 움직여 생각해 보는 것입니다.
　어떤 학생들은 글이나 말보다는 몸짓으로 아이디어가 많이 나오는 경우도 있는데, 그들의 경우 어떤 주제이든 보디스토밍을 해 보는 것도 좋습니다. 또, 주제에 따라 반드시 보디스토밍을 해야 하는 경우도 있답니다.

　임신 8개월 정도의 아기 엄마가 이동하는 것과 관련하여 아이디어를 내고자 한다면 이야기를 나누는 것보다는 임신 8개월의 모습으로 다녀 보거나 움직여 보는 것이 도움이 됩니다. 지하철에 어느 날 생긴 분홍색 의자가 일단은 공감이 되지 않았습니다. 이 글을 읽는 당신이라면, 한국 문화에서 자란 여러분(임신 8개월인 당신)이 그 자리에 앉을 수 있을 것 같으세요? 그리고 임신 초기에 있다면, 어떻게 증명하고 앉을까요?
　사용자 중심의 공감이 이루어지지 않은 디자인 싱킹의 확실한 실례입니다. 장애를 경험하는 것도 마찬가지이고, 노인의 모습도 마찬가지입니다.

이전에 한번 다리를 크게 다친 적이 있었습니다. 다리에 기브스를 하고 다녔는데, 그러다 보니 앞에 누군가가 다가오기만 해도 손을 휘두르게 되더라고요. 그때가 되어서야 '아~ 다리가 불편하신 분들은 진짜 길을 걸을 때 두려움과 불안함을 가지고 다니시겠구나.'라는 생각을 하게 되었지요.

이런 것이 보디스토밍입니다. 특히 책을 읽거나 사람들과 이야기하는 것을 별로 좋아하지 않는 학생들이 아이디어를 낼 때 아주 좋고 성공적인 방법입니다.

마인드맵(mind map)에 대해 알아봅시다. 마인드맵은 마음의 지도라는 의미이니 마음속에 지도를 그리듯이 정리해 보는 것이겠지요. 문자 그대로 아이디어를 배치하는 것으로 이해하면 좋습니다. **모든 마인드맵은 중앙에서 출발합니다.** 그리고 자신의 아이디어 흐름에 따라 선으로, 기호로, 단어로, 색으로, 이미지로 퍼져 가는 구조를 만들어 보세요.

목록을 만들어 보는 것과는 다른 개념입니다. 무엇인가 할 일이 있을 때 우리는 목록을 적습니다. 아침에 출근하면 오늘의 할 일을 목록으로 적고 우선순위를 매기기도 하지요. 목록으로 적는 것은 나열형이고 직선형입니다. 그에 비해 마인드맵은 생각의 흐름대로, 보다 자신에게 집중하여 나아가 보는 것이라고 이해해 보세요.

아이디어를 추가하고 싶거나 수정하고 싶을 때 마인드맵의 매력이 터집니다. 그야말로 '생각이 날 때마다' 할 수 있기 때문이지요.

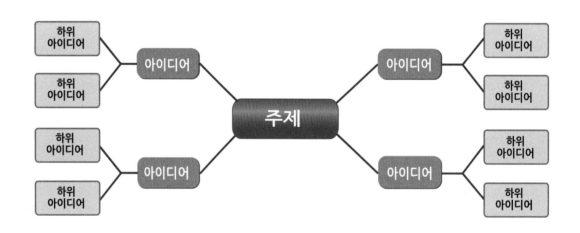

'산출된 아이디어 중에서 최적의 것을 선택한다.'

widest possible ➡ Best possible

여러 가지 가능한 아이디어를 산출한 후에는 그 중 최적의 아이디어를 선택하고 결정해야 합니다. 어떻게 결정해야 할까요? 무엇으로 선택해야 할까요?

(1) 이전 단계인 정의 단계에서 이야기된 바와 가장 가까운 아이디어를 선택!

모든 아이디어들이 이전 단계인 정의 단계에서 이야기된 바에 근거해서 나왔겠지만, 아이디어라는 것이 이야기가 진행되면서 변형도 되고 다소 다른 방향으로 나가기도 합니다.

그러므로 항상 "무엇이었지?", "우리가 찾기로 한 것이 무엇이었지?"라고 상기해 보는 것이 필요합니다. 항상 새로운 아이디어를 내는 것이 디자인 싱킹이 아니라, 오히려 끈기 있게 쭉~ 끈을 잡고 가는 것이기 때문입니다.

(2) 위험 요인이 적은 것으로 선택!

보다 많은 가능한 아이디어들을 낸 후에 반드시 '위험 요인이 많은 것'을 배제해야 합니다. 특히 '안전'과 관련된 것들을 배제해야 합니다. 물론 어느 정도의 위험은 여러분들의 창의성을 올려 줄 것이기 때문에 '위험하다.'라고 판단할 때는 선생님의 도움을 받는 것도 좋습니다.

또, 예정된 시간보다 훨씬 오래 걸릴 것으로 예상되는 활동도 지양하는 것이 좋습니다. 활동의 규모나 범위가 너무 커서 감당하기 어려운 것들도 지양해야 합니다. 가능하고, 구체적이며, 현실적이고, 재료를 구할 수 있는 것으로 선택하도록 합니다.

(3) 프로토타입을 쉽게 만들 수 있는 것으로 선택!

(2)와 같은 이야기일 수 있습니다. 만들 수 있어야 합니다. 예를 들어 센서(sensor)가 들어간 것을 만들겠다고 하면 불가능해질 가능성이 높습니다. 작은 모터는 구할 수 있지만 전기로 돌리는 모터는 학생들의 연령에 따라 부적절할 수 있기 때문이지요.

프로토타입은 카드 보드(골판지 상자), MDF 판, 재활용품 등으로 만드는 것이 좋으므로 그것이 가능한 아이디어로 선택하도록 하는 것이 좋습니다.

아이디어(Ideation) 단계에서 모형(Prototype) 단계로 넘어가기

아이디어 단계에서 모형 단계로 넘어갈 때는 합리적인 이유를 근거로 다수의 아이디어에서 2-3개의 아이디어로 줄이는 것이 가장 필요합니다. 그리고 위에서 언급한대로 그것은 세 가지 정도의 기준을 통해 정할 수 있습니다.

정의 단계에서 이야기된 바와 가장 가깝고, 위험 요인이 적고, 프로토타입을 보다 쉽게 만들 수 있는 것으로 정하는 것이지요.

아이디어 단계
브레인스토밍
해결 방법 고민
선택과 결정

모형 단계
선택하고 결정한
해결 방법의
모형 만들기

❹ 모형(Prototype) 단계

네 번째 단계는 모형 단계입니다.

자~ 이제 거의 디자인 싱킹의 마지막 단계에 도달하고 있습니다. 그런데 모형 단계부터는 우리들의 주요 관심사인 창의 공학에 대해 이야기해 보아야 합니다. 조금 난이도가 높아지겠지만, 미래를 살아갈 여러분들에게 꼭 필요한 과정이니 천천히 가 봅시다. 우선 모형 단계에 대해 충분히 설명하고, 그 후에 창의 공학과의 연결을 이야기해 보겠습니다.

모형 단계는 완성품을 만들기 전에 그 가능성을 테스트할 것을 만들어 보는 단계입니다. 모형을 만들면서 서로 의논도 해 보고 변형도 해 보면서 완성품에 도달하게 되지요. 모형 단계의 목적을 세 가지 정도로 압축하여 설명해 보겠습니다.

첫 번째 목적은 첫 아이디어를 보충해 줄 추가 아이디어를 얻는 것입니다.

깊이 생각하고, 고민하고, 의논하였으며, 그 과정에서 아이디어를 냈지만, 모형을 만들다 보면 "아! 이 부분이 좀 약하구나."하고 새로운 사실을 알게 되는 경우가 있습니다. 또, "좀 더 사이즈를 키워야 되겠어.", "움직일 때 균형이 자꾸 깨지는 걸 보니, 장치에 대해 좀 더 고민해 봐야 할 것 같아."라는 식의 보충 아이디어가 나오기도 합니다.

보충해야 하는 아이디어가 하나라도 나온다면 그 모형은 매우 성공적인 것입니다. **단 한 번에 성공하는 모형은 그냥 있을 수 없다고 생각합시다.** 사람의 생각은 그렇습니다. 생각이 아무리 훌륭해도 실제로 만들다 보면 보충해야 하는 부분이 나타나고, 더 욕심이 나는 부분도 생기기 마련이니까요.

상원이는 자기 집에 있는 자전거들이 오래 되고, 자꾸 고장이 나서 버리게 되는 것을 아깝다고 생각하여 '나만의 자전거 만들기'를 하기로 하였다. 충분한 고민의 과정을 거쳐 아이디어를 냈고, 위험 요인을 잘 선정하여 가장 그럴 듯하게 만들 수 있는 것을 시도하였다.

몇 개의 재료를 사서 모형을 만들었는데, 만들다 보니 균형이 잘 맞지 않았고 탈수록 한 쪽 옆으로 기울어지는 문제를 발견하였다. 상원이는 균형의 문제를 해결하기 위해 바퀴를 옆으로 하나 더 붙이는(마치 트럭처럼) 방법을 택하였다.

모형을 만들면서 보충해서 추가 아이디어를 얻어 해결한 대표적인 케이스이다.

유진이는 자기 방에 들어가면 책상 밖에 보이지 않고, 책상이 마치 "야, 공부해. 공부해."라고 이야기하는 것 같았다. 그래서 책상에서 공부도 하고, 친구랑 이야기도 하고, 만들고 싶은 것이 있을 때는 만들고, 간식도 들어 있는 'Play Desk'를 만들기로 했다.

카드 보드로 모형을 만들었는데, 의외로 간식을 둘 곳이 마땅치 않았다. 유진이는 도르래를 생각해 냈다. 책상의 앞 쪽에 도르래를 만들고, 간식을 먹고 싶을 때는 도르래를 올려 그릇에 담겨 있는 간식을 올리기로 하였다.

이 역시 모형을 만들면서 보충해서 추가 아이디어를 얻어 해결한 케이스이다.

두 번째 목적은 가능성을 테스트하는 것입니다.

모형 단계에서 가능성을 테스트하는 것은 가장 자연스럽고도 반드시 이루어야 하는 것입니다. '아~ 이 모형대로 만들면 우리들의 문제가 해결되겠구나.'하는 것을 확인하는 것이기 때문이지요.

공감과 정의 단계에서 이미 위험 요인을 잘 고려하였고, 아이디어 단계에서 모든 가능성을 열고 고민하고 그 단계에서도 위험 요인과 가능성을 고려하여 선택한 것이라면, 모형 과정에서 큰 변형보다는 "좋아. 이렇게 하면 되는 거야."라는 결론이 나면 제일 좋지 않을까요?

재활용품으로 놀이 도구를 만들자는 생각에서 플라스틱 숟가락과 나무젓가락, 그리고 고무줄만으로 멀리 날아가는 것을 만들기로 한 윤서는, 숟가락을 고무줄로 당겨서 탁구공을 멀리 날리는 기구를 만들고자 하였다.

지지대를 만들자면 나무젓가락을 삼각형으로 해야 한다고 생각하였고, 많이 가지고 있는 고무줄로 고정시키자고 생각하였다. 그리고는 그 지지대에 빗대어 플라스틱 숟가락을 달고 당김 장치를 만들고자 하였다.

생각한 그대로를 모형으로 만들고 지지대가 튼튼해야 한다고 생각하여 그대로 만들었더니, 정말 탁구공이 멀리 날아가는 놀이 도구를 만들 수 있었다.

행복한 경우이다. 생각한 대로 변형 없이 완벽하게 만들어졌다.

세 번째 목적은 완성도를 높이는 변형을 하게 되는 것입니다.

모형 단계에서 계획대로 모형이 만들어지는 과정에서, 서로 이야기를 나누고 의견을 주고받으며 완성도를 높이는 변형을 할 수 있습니다. 모형대로 만들어 보니 처음 계획했던 대로 잘 진행되었을 수 있습니다.

다시 말해, 단번에 성공했을 수 있습니다. 그런데 그 과정에서 학생들이 "여기에 프로펠러 하나 더 달면 어떨까?"라고 제의할 수 있습니다. "좀 더 안정적이게 하기 위해 여기에 바퀴를 하나 더 붙이자."라고 할 수도 있습니다.

잠깐 동안의 회의이지만 다시 모여서 마치 정의 단계와 아이디어 단계를 다시 거치듯이 빠르게 의논하고, 빠르게 결정하고 변형해서 완성도를 높일 수 있습니다.

가현이는 엄마가 사다 주시는 방향제가 처음에는 향기가 싫을 정도로 강하고, 얼마 지나지 않아 향기가 너무 약해져서 불편하다고 생각하였다. 그래서 가현이는 방향제 위에 고깔 모양의 모자 같은 것을 만들어 향기를 강하게 하고 싶을 때는 구멍을 크게 만들고, 약하게 하고 싶을 때는 구멍을 조그맣게 만들기로 하였다.

그런데 막상 모형을 만들고 보니 고깔 모양으로 만든 것이 잘 움직여지지 않고, 너무 약하기도 하였다. 그래서 방법을 바꾸어 구멍이 작은 것과 중간 크기의 것, 그리고 큰 것으로 만들었고, 방향제 위에 붙인 후 구멍 크기를 원하는 대로 조절할 수 있도록 변형하였다.

모형 단계에서 주로 사용되는 재료에 대해 잠시 설명하고 지나가기로 합시다.

모형 단계에서 주로 사용되는 재료에는 카드 보드(골판지 상자), 재활용품, MDF 판 등이 있습니다. 이러한 재료는 창의 공학으로 연결되도록 하는 좋은 재료이기도 하지요. 학생들은 카드 보드나 재활용품, MDF 판에 대해 두려움이나 거부감이 전혀 없기 때문입니다.

카드 보드(Cardboard)

카드 보드란 어디에서나 쉽게 볼 수 있는 골판지 상자를 말합니다. 보드의 크기나 굵기 등이 다양하게 구성되어 있어서 사용 목적에 따라 적절한 것을 선택하여 사용할 수 있습니다. 몇 가지 유의 사항만 알려 줄게요.

● 카드 보드

접을 때	카드 보드에 있는 선의 방향대로 접도록 하고, 만약 카드 보드 선의 반대 방향으로 접어야 한다면 원하는 선을 칼로 살짝 그어도 되고, 자로 꽉 누른 후 접으면 쉽습니다.
자를 때	커터 칼을 사용하되 한 번에 힘을 너무 세게 주어 자르려고 하지 마세요. 너무 세지 않은 적당한 힘으로 천천히 여러 번 반복하여 긋고 자르면 안전합니다.
구매할 때	목적에 따라 상자의 굵기를 정해서 구매하면 좋습니다. 가구 등을 만들 것이 아니라면 되도록 얇은 것을 구매하는 것이 안전사고의 위험을 줄이는 방법입니다.

재활용품

재활용품은 실로 여러 가지 자극이 될 수 있습니다.

페트병, 플라스틱 통, 스티로폼, 깡통 등을 활용할 수 있고, 망가진 기계들을 분해해서 그 부품들을 사용할 수도 있습니다. 고장 난 컴퓨터나 시계, 텔레비전 등을 분해해 보면 처음으로 LCD가 어떻게 구성되었는지 볼 수 있고, 선풍기나 청소기에도 컴퓨터 보드가 들어가는 것을 알 수 있으며, 프린터에는 많은 모터와 스프링이 있는 것을 발견하게 됩니다.

나아가 정말 작은 부품들이 하나씩 모여 큰 '하나'를 이루고 있는 것을 보면서, 많은 생각을 하게 됩니다.

자를 때	가위나 커터 칼을 사용하되 정말 조심해야 합니다. 페트병의 경우 잘린 면이 매우 날카롭기 때문에, 칼에 손을 베는 것이 아니라 잘려진 면에 손을 베는 경우가 많습니다. 깡통도 마찬가지입니다.
모아 놓을 때	필요에 따라 재활용품을 모아 놓을 때에는 그 형태가 온전한 것들만 모아 놓도록 합니다. 깨진 것이나 잘려진 것들로 인해 안전사고가 발생할 수 있기 때문입니다.
구멍을 낼 때	송곳이나 칼 등을 이용할 수 있습니다. 공구가 있는 학교라면 가는 드라이버로도 뚫을 수 있습니다.

MDF 판

MDF 판은 의외로 가격이 싼 편입니다. 자르기도 쉽고, 실제로 목재상에서 잘라 달라고 부탁하면 크기대로 잘라 줍니다.

면을 붙일 때에는 못을 이용할 수도 있지만, MDF 판의 경우에는 풀 총(glue gun)이나 목재용 본드로도 잘 붙기 때문에 학생들이 활동하기에 좋습니다. 단, 톱질은 학생들에게는 위험한 작업이므로 미리 사이즈대로 잘라 달라고 부탁해서 구매해 오는 것이 좋습니다.

● MDF 판

요즘에는 MDF의 장점을 늘리고 단점을 줄인 다양한 소재들이 나와 있어서 도움이 됩니다.

❺ 테스트(Test) 단계

마지막 단계는 테스트 단계입니다.

모형까지 만들었기 때문에 제대로 작동이 되는지, 제대로 문제 해결을 하는지 테스트해야 합니다. 모형을 만들면서 이런저런 작은 실험들을 했더라도, 다 만들고 나면 맨 처음에 가졌던 아이디어대로 잘 만들어졌는지, 그리고 모형이 실제로 문제를 해결하는지를 테스트해야 합니다.

여기에서 가장 중요한 단어는 '현실(reality)'입니다. 아무리 간단하게 모형을 만들었다고 하더라도 작동은 되어야 하며, 아무리 간단한 해결책을 제시했다고 하더라도 문제는 해결되어야 합니다.

만약 이 단계에서 작동이 제대로 되지 않거나 해결이 되지 않는다면, 다시 이전 단계로 돌아가 수정과 보완의 과정을 거쳐야 합니다. 체크해 봅시다.

계획했던 대로 움직이는가?

모형은 카드 보드나 재활용품으로 만드는 경우가 많습니다.

음식물 쓰레기를 줄이기 위해 자신의 식판이 무게에 따라 움직이도록 만들고 싶었던 준우는, 모형 단계에서는 음식을 먹을수록 식판의 무게가 줄게 되고, 무게가 줄어듦에 따라 저울이 위로 올라가며, 그에 따라 생겨나는 공간에서 보상물(예 사탕)이 나오는 것을 성공적으로 만들었습니다.

그러나 실제로 밥을 올려놓고 테스트를 하자 식판은 전혀 움직이지 않았고, 밥을 다 먹어도 식판의 움직임은 거의 없었습니다. 그리고 저울에 올려놓은 실제 식판은 그 위에 올려놓은 음식의 무게에 따라 균형이 깨져 자꾸 쏟아졌습니다.

엄마가 '휠리스'라는 바퀴 달린 운동화를 사 주지 않아서 자기가 직접 만들어 신겠다고 했던 은서는, 모형 단계에서는 상자 밑에 바퀴를 두 개만 달면 되는 것이었는데, 막상 테스트 단계에서 신어 보니 그대로 옆으로 넘어져 버렸습니다. 다시 생각해서 바퀴 네 개를 붙였지만 여전히 옆으로 쓰러졌습니다.

이런 것들이 모형 단계에서는 그럴 듯해 보여도 실제로 움직여 보면 안 되는 경우입니다. 미국의 글로벌 발명 대회(Global Inventors Challenge)에 출품된 작품들이 보기에는 엉망이지만 실제로 작동이 되고 실제로 효과를 내는 모습들을 볼 수 있고, 그런 결과물이 상을 타는 것을 볼 수 있습니다. 계획했던 대로 움직이는 것, 이것이 테스트 단계에서 반드시 보아야 할 중요한 요인이라는 것을 말해 주지요.

처음 가졌던 문제를 사용자 중심으로 해결했나?

처음에 주제, 혹은 문제를 받으면 공감을 했었습니다. 공감은 사용자 중심이었고, 사용자의 입장과 관점에서 충분히 공감하자고 했지요. 기억나나요?

그렇다면 최종 결과물이 실제로 사용자의 관점에서 문제를 해결했는지 검토해 보아야 합니다. 이 것이 테스트 단계의 또 하나의 특징입니다.

> 샤프심이 쏟아지는 것이 싫어서 용수철을 달아 하나의 심만 나오게 하겠다는 진섭이의 아이디어는 카드 보드와 실로 모형을 만들 때는 문제가 없었습니다.
>
> 그런데 막상 튼튼하게 만들기 위해 본인이 생각해내서 MDF 판과 용수철을 사용하는 순간 사이즈 는 커져 버렸고, 용수철이 너무 세서 샤프심을 넣을 수도 없었습니다. 결과적으로는 샤프심이 다 쏟아 지는 것을 해결해 보겠다는 생각은 해결될 수 없었습니다.
>
> 정확하게 처음 가졌던 문제를 해결했는지 평가해 보아야 합니다.

가장 실현 가능한 것으로 아이디어화 했던 것이 성공하였나?

아이디어 단계에서 우리는 '가장 실현 가능한 것'을 선택하여 모형을 만들었습니다. 완성품이 되었 을 때 성공이라고 볼 수 있는지도 중요합니다. 오히려 이 단계에서 가장 실현 가능하다고 판단했던 것에 대해 오류라고 인정해야 할 수도 있습니다.

대단원 마무리

❶ 디자인 싱킹은 미래를 유능하게 살아갈 우리들에게 반드시 필요한 능력입니다. 디자인 싱킹은 실용적 목적을 가진 작품의 설계나 도안, 실제 문제 해결을 위해 관심을 가지고 헤아리고 판단하는 것으로 정의됩니다.

❷ 디자인 싱킹의 과정은 다섯 단계입니다. 공감 단계, 정의 단계, 아이디어 단계, 모형 단계, 그리고 테스트 단계입니다. 각 단계들마다 중요시되는 내용들이 있으므로 이에 대해 기억하고 활동하는 것이 좋습니다.

1) 공감 단계에서는 디자인 싱킹이 인간 중심임을 기억하고, 대상에 대한 깊은 이해를 기억해야 합니다.

2) 정의 단계에서는 공감 단계에서 이루어진 여러 가지 아이디어들을 모으고 하나의 문장으로 명확하게 만드는 것이 중요함을 기억해야 합니다.

3) 아이디어 단계에서는 여러 가지 가능성에서 최적의 가능성을 뽑아내는 것을 기억해야 합니다. 위험 요인이 적고 만들 수 있는 것으로 좁히기도 해야 합니다.

4) 모형 단계에서는 아이디어들을 실제 모형으로 만들어 보면서 가능성을 테스트하고, 보충해 줄 추가 아이디어를 얻거나 또 다른 가능성을 테스트해 보는 것을 기억해야 합니다.

5) 테스트 단계에서는 계획했던 대로 움직이는지, 처음 가졌던 문제들을 사용자 중심으로 해결했는지, 가장 실현 가능한 것으로 아이디어화 했던 것이 성공했는지 등을 체크하는 것이 중요함을 기억해야 합니다.

이제 여러분의 차례입니다.
스스로 자신이 관심을 가진 주제를 찾아
지속적으로 프로젝트를 하세요.
여러분의 미래는 자연스럽게 열릴 것입니다.
이 책에 쓰인 모든 과정을 잊지 마세요.

미래는 여러분들의 것입니다!

IV

창의 공학의 실제

트레뷰쳇(Trebuchet)
성을 함락시켜라!
전쟁에서 비롯된 물리의 시작

농사를 짓고 살던 인류

농사를 짓기 위해 모여서 부족을 만들게 되었을 것입니다. 부족이 모여 농사를 짓다 보면 자연스럽게 토지가 넓어지고, 그러다 보면 옆 부족과 토지 때문에 싸우게 되는 일도 늘어났겠지요? 다시 말해 부족이 발전할수록 필연적으로 주변 유목 민족의 약탈 대상이 되었을 것이고 싸움도 벌어졌을 것입니다.

이때부터 고대 촌락이나 도시에는 가장 기본적인 방어벽인 목책과 성벽들이 등장하기 시작하였습니다. 축성의 시작이지요. 그러니 그 축성을 무너뜨리는 공성전(攻城戰)의 중요성이 강조되었습니다.

공성전에서 가장 효과적으로 사용되었던 무기에는 공성 망치, 공성 탑, 투석기 등이 있습니다. 이번에 만들어 볼 트레뷰쳇(Trebuchet)은 돌을 던져 성벽 자체를 부수는 데 이용되었습니다.

기술적으로 주의해야 할 점들이 있습니다.

1) 무게를 이용한 상하 운동을 어떻게 회전 운동으로 전환하느냐, 그것이 중요합니다.
따라서 추와 관련된 여러 가지 고민이 있어야 하겠지요? 이 부분이 잘 되어야 멀리 나갈 수 있습니다.

2) 끈에 달린 공이 최고점에서 이탈될 수 있도록 만드는 것이 중요합니다.
무슨 말이냐 하면, 공이 최고점에 도달하기 전에 빠져나오면 바로 앞에 떨어지거나 멀리 못 가는 문제가 생깁니다.

3) 무게가 실린 추와 회전 운동 막대 사이의 상호 작용을 고려하여 힘의 초점을 만드는 것이 필요합니다.

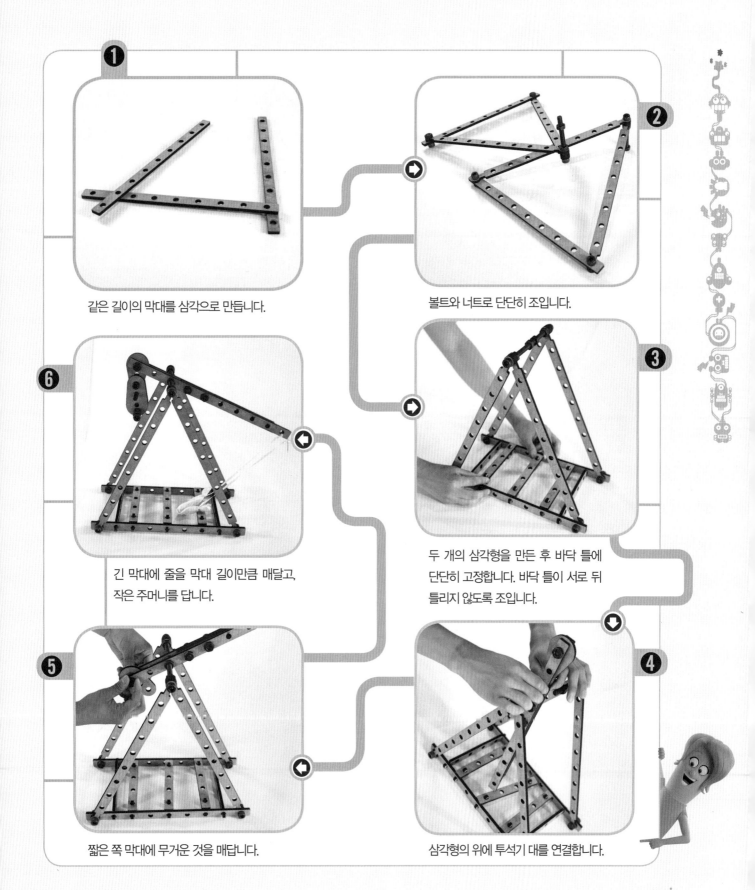

① 같은 길이의 막대를 삼각으로 만듭니다.

② 볼트와 너트로 단단히 조입니다.

③ 두 개의 삼각형을 만든 후 바닥 틀에 단단히 고정합니다. 바닥 틀이 서로 뒤틀리지 않도록 조입니다.

④ 삼각형의 위에 투석기 대를 연결합니다.

⑤ 짧은 쪽 막대에 무거운 것을 매답니다.

⑥ 긴 막대에 줄을 막대 길이만큼 매달고, 작은 주머니를 답니다.

유압 크레인(Hydraulic Crane)

쉽게 들어 올려
원하는 곳에 놓는다!

역사적으로 유명한 성이나 피라미드를 보면서 "와~ 어떻게 저기에 큰 돌을 올렸을까?"하고 궁금해 했었지요. 지렛대의 원리처럼 아주 단순한 원리로부터 찾아보면 약 5,000년 전 고대 이집트에서 피라미드를 만들 당시에 중량물(무거운 물건) 운반용으로 사용되었던 것에서부터 출발합니다. 처음에는 사람의 힘이나 가축의 힘을 이용하다가 이후에는 수력이 이용되었으며, 19세기 중엽부터는 증기 기관의 발달과 더불어 증기를 활용한 힘이 이용되어 지금과 같은 이동식 크레인(mobile crane)이 나타나게 되었지요.

우리나라의 크레인 개발 역사를 보면 조선시대까지 올라갑니다. 우리나라 최초의 크레인이라면 거중기(擧重機)를 배놓을 수 없지요. 1792년(정조 16년)에 정조가 정약용에게 축성법을 정리하여 보고하도록 지시하는데 이 때 처음 거중기가 등장합니다.

기술적으로 주의해야 할 점들이 있습니다.

1) 주사기를 통해 미는 힘과 잡아당기는 힘을 활용합니다. 주사기 안에 있는 힘이 서로 잘 전달되도록, 그 힘을 잘 활용해야 합니다. 고무파이프를 주사기에 단단하게 연결하여 빠지지 않게 하고 양쪽을 모두 피스톤을 뺀 채 연결하면, 추후에 활동을 할 때 제대로 되지 않을 수 있기 때문에 이 부분에 신경을 써야 합니다.

2) 주사기의 움직임에 따른 운동 범위를 고려한 설계가 되도록 신경을 써야 합니다. 계속 테스트를 하면서, 운동 범위가 어디까지 나오는지 친구들과 이야기하며 설계하세요.

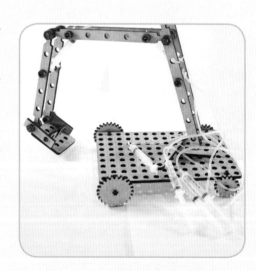

3) 물건을 집는 집게의 설계는 어떨까요? 물건을 잡는다는 것은 무엇일까요? 실제로 잡거나 또는 걸리도록 해야겠지요? 머릿속에 혹은 그림으로, 물건을 잡을 때의 모습을 싱킹하세요.

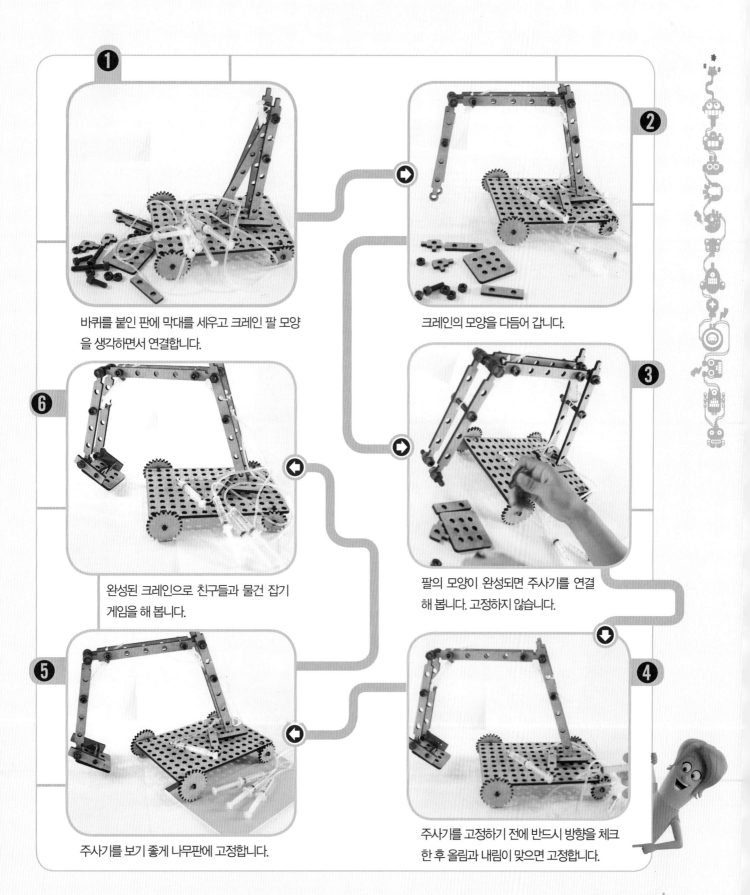

① 바퀴를 붙인 판에 막대를 세우고 크레인 팔 모양을 생각하면서 연결합니다.

② 크레인의 모양을 다듬어 갑니다.

③ 팔의 모양이 완성되면 주사기를 연결해 봅니다. 고정하지 않습니다.

④ 주사기를 고정하기 전에 반드시 방향을 체크한 후 올림과 내림이 맞으면 고정합니다.

⑤ 주사기를 보기 좋게 나무판에 고정합니다.

⑥ 완성된 크레인으로 친구들과 물건 잡기 게임을 해 봅니다.

트러스교(Truss Bridge)

무게를 견뎌라, 무너지지 않는 다리를 향한 열정!

1869년 5월 10일은 미국에서 대서양과 태평양을 잇는 대륙 횡단 철도가 개통되는 날이었습니다. 이 철도는 1900년대 초반까지 미국의 급속한 성장을 이끌었습니다. 모든 물류가 단시간에 어디든지 연결될 수 있었기 때문이지요. 여기에 재미있는 사실이 숨겨져 있습니다. 바로 다리입니다. 강과 강 사이 또는 협곡 사이를 잇는 다리가 있었기에 가능했다는 것입니다. 그리고 그 다리가 바로 트러스교입니다.

16세기 이탈리아의 팔라디오에 의해 처음으로 제안된 이 기술은 오늘날까지 사용되고 있으며, 우리나라에서는 1900년에 가설된 한강 철교가 최초의 트러스교입니다.

트러스교를 알려면 트러스 구조에 대한 이해가 필요합니다. 구조물의 뼈대를 이루는 직선형 부재(部材)를 연속된 삼각형 구조로 조립한 것이 트러스(Truss)입니다.

트러스란 삼각형을 기본으로 그물 모양으로 짜서 하중을 지탱하는 구조 방법입니다. 삼각형의 꼭짓점에서 힘이 분해되므로 많이 사용할수록 힘이 더 많이 분산되고 더 큰 하중을 견딜 수 있는 것입니다.

기술적으로 주의해야 할 점들이 있습니다.

1) 상호 지지 구조를 활용한 설계입니다. 서로 힘이 균등해야 합니다. 삼각형을 이해한다면 그리 어려운 일은 아닙니다.

2) 받는 힘을 분산시키는 구조입니다. 이것을 충분히 이해하기 위해서 똑같은 크기의 빨대 조각 여러 개를 준비해 주세요.
그리고 다음과 같이 만들어 보세요. 그러면 이해가 쉽답니다.

3) 각 연결점의 안정적인 연결입니다. 다리란 튼튼한 것이어야 하지요. 아무리 트러스 구조로 만든다고 해도 연결 부분이 잘 되어 있지 않으면 추후 안전에 큰 문제가 생기겠지요?

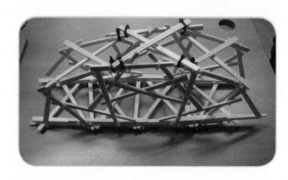

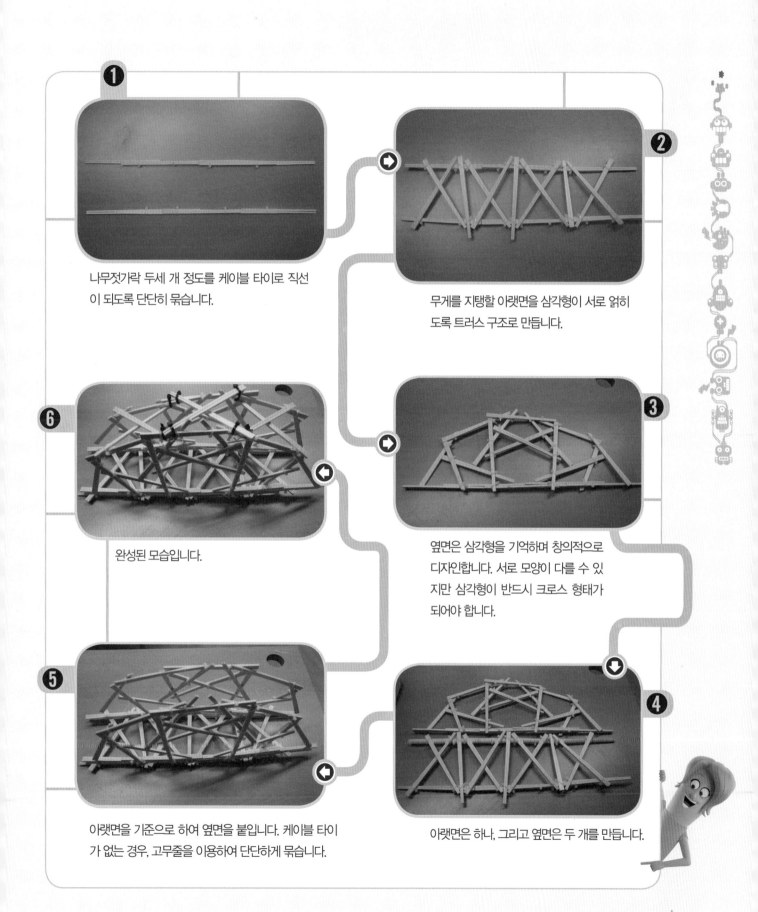

1 나무젓가락 두세 개 정도를 케이블 타이로 직선이 되도록 단단히 묶습니다.

2 무게를 지탱할 아랫면을 삼각형이 서로 얽히도록 트러스 구조로 만듭니다.

3 옆면은 삼각형을 기억하며 창의적으로 디자인합니다. 서로 모양이 다를 수 있지만 삼각형이 반드시 크로스 형태가 되어야 합니다.

4 아랫면은 하나, 그리고 옆면은 두 개를 만듭니다.

5 아랫면을 기준으로 하여 옆면을 붙입니다. 케이블 타이가 없는 경우, 고무줄을 이용하여 단단하게 묶습니다.

6 완성된 모습입니다.

 창의 공학 활동 4

오토마타(Automata)

하나하나 움직이지 않고
자동으로 움직이는 것을 찾고 있어요.

🗨 기계와 예술의 만남

오토마타를 본 적이 있나요?

없다면 유튜브에서 'automata doll' 등의 키워드로 검색해 보세요.

오토마타는 '스스로 작동하다.'라는 뜻의 고대 라틴어에 어원을 두고 있습니다. 자동 기계 장치를 의미하는 오토마톤(Automaton)의 복수형이기도 하고요. 이 단어에는 여러 가지 뜻이 있지만 기계 분야로 한정할 경우 오토마타는 '사람이 행하는 어떤 목적의 동작들을 스스로 작동할 수 있는 자동 기계'라는 말로 해석이 됩니다.

유럽에서는 17세기부터 오토마타의 붐이 일어났으니 역사는 오래된 것이지요. 더구나 오토마타 인형의 역사는 고대 그리스 시대까지 거슬러 올라갑니다.

 기술적으로 주의해야 할 점들이 있습니다.

1) 오토마타를 위해 캠, 기어 등을 활용하는 것이 필요합니다. 부품의 명칭에 대해서도 우선 익숙해지는 것이 필요합니다. '캠과 기어의 모양을 어떻게 할 것인가?'는 오토마타의 움직임을 결정하는 부분입니다.

2) 움직임의 순서와 이야기의 구성입니다. '공학(engineering)에 무슨 이야기?'라고 의아해 할 수도 있지만, 오토마타가 역사적으로 꾸준히 이어져 오고 있는 이유는 아마도 스토리 때문이 아닐까요?

그저 움직이는 새의 입 모양을 만들었다고 해도, 그 안에 스토리가 풍부하게 들어 있으면 역사에 남는 오토마타가 될 테니까요.

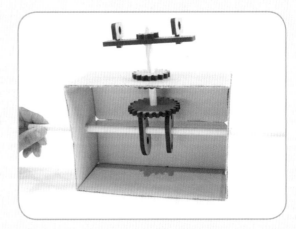

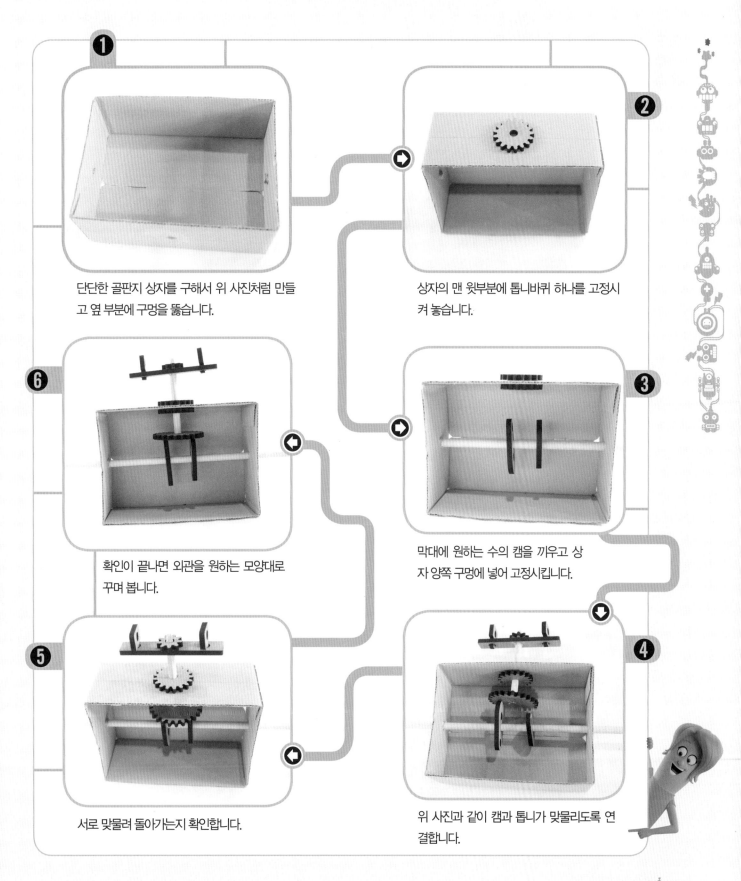

① 단단한 골판지 상자를 구해서 위 사진처럼 만들고 옆 부분에 구멍을 뚫습니다.

② 상자의 맨 윗부분에 톱니바퀴 하나를 고정시켜 놓습니다.

③ 막대에 원하는 수의 캠을 끼우고 상자 양쪽 구멍에 넣어 고정시킵니다.

④ 위 사진과 같이 캠과 톱니가 맞물리도록 연결합니다.

⑤ 서로 맞물려 돌아가는지 확인합니다.

⑥ 확인이 끝나면 외관을 원하는 모양대로 꾸며 봅니다.

프로펠러 자동차(Propeller Car)

하늘을 날고자 하는
인류의 소망

💬 **날아다니는 자동차, 모두의 꿈에 한 번쯤 등장하지 않았을까요?**
물론, 요즘은 개인이 그저 날아가는 것을 꿈꾸지만요.

2015년 5월, 미국 워싱턴 포스트(WP)는 1900년에 파리 세계 박람회장에서 '100년 후 세계는'이라는 주제로 전시된 작품들을 공개했습니다. 장마크 꼬테 등 당대의 유명 화가들이 참여한 많은 작품들 중에 가장 눈에 띄는 것은 '탈것'에 대한 그림들이었습니다. 그림 속의 사람들은 탈것을 활용하여 하늘을 자유로이 날고 있었습니다. 동서고금을 막론하고 하늘을 나는 꿈은 모두의 소망인 것이지요. 이것은 신화 속 밀랍 날개를 만든 이카루스로부터 이어진다고 할 수 있습니다.

그러나 사실은 작품을 그렸을 뿐 당시에는 날아다니는 자동차를 어떤 기술로 날게 할 것인지 아무도 설명할 수 없었습니다. 시대가 흐르면서 많은 사람들이 '어떻게 하면 날 수 있을까?'하고 고민을 거듭했지요.

기술적으로 주의해야 할 점들이 있습니다.

1) 프로펠러를 이용한 동력 생성입니다. 프로펠러는 동력을 만드는 대표적인 것이니 프로펠러와 연결된 부분들을 신경 써서 만들어야 합니다.

2) 자동차와 프로펠러 힘과의 관계입니다. 바다에 프로펠러 배를 띄웠다고 상상해 보세요. 바람이 불자 프로펠러가 돌아가는데, 정작 배는 움직이지 않는다면 어떨까요? 당황스럽겠지요? 프로펠러는 동력임을 위에서 말했습니다. 프로펠러가 어느 정도의 힘으로 움직여야 자동차가 각자 원하는 만큼 움직일지 생각하면서 만들어 보세요.

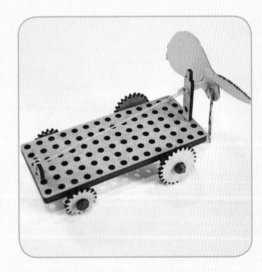

3) 마찰력과 공기 저항을 최소화하는 자동차 구조입니다. 프로펠러가 동력으로 사용되지 않더라도 이것은 자동차와 관련된 기본적 싱킹입니다.

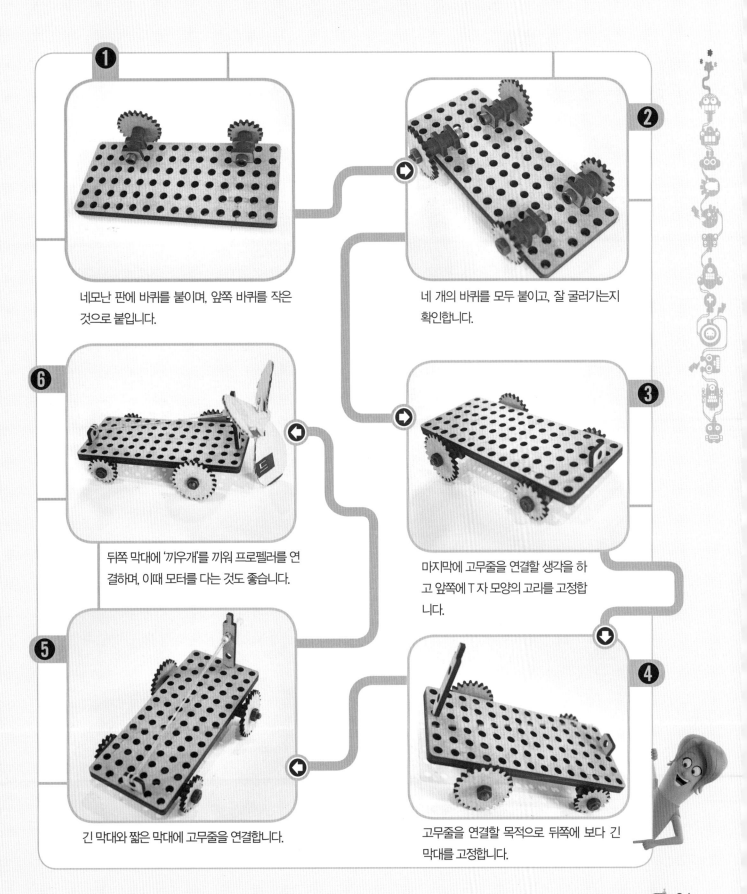

① 네모난 판에 바퀴를 붙이며, 앞쪽 바퀴를 작은 것으로 붙입니다.

② 네 개의 바퀴를 모두 붙이고, 잘 굴러가는지 확인합니다.

⑥ 뒤쪽 막대에 '끼우개'를 끼워 프로펠러를 연결하며, 이때 모터를 다는 것도 좋습니다.

③ 마지막에 고무줄을 연결할 생각을 하고 앞쪽에 T 자 모양의 고리를 고정합니다.

⑤ 긴 막대와 짧은 막대에 고무줄을 연결합니다.

④ 고무줄을 연결할 목적으로 뒤쪽에 보다 긴 막대를 고정합니다.

무한궤도 트럭(Caterpillar Truck)

정글에서도, 사막에서도
안전하게 달리고 싶어요.

어디에서든 들어 옮기고 쏟아붓는다.

바퀴의 발명은 이동과 운송의 혁명을 가져왔지만 바퀴가 있다고 해서 모든 곳에 갈 수 있는 것은 아닙니다. 바퀴를 사용하여 원활하게 이동하기 위해서는 필연적으로 도로가 있어야 했지요. 그래서 예로부터 강대국들은 영토를 넓힐 때마다 도로 건설에 대한 스트레스를 많이 받았다고 합니다.

당연히 그랬겠지요? 지금이야 콘크리트나 아스팔트로 포장하면 되지만 예전에는 돌로 길을 만들어야 했기 때문이지요.

이동 속도가 빨라지고 그 거리도 길어지면서 사람들은 자연스럽게 '길이 아닌 길'을 가는 것에 관심을 두게 되었습니다. 오지 탐사 같은 것이지요. 오지 탐사나 진흙 길에는 애로 사항이 남아 있었습니다. 이러한 상황에서 캐터필러 즉 무한궤도가 등장하게 되었고, 이는 곧 전 세계의 야지(野地) 및 오지(奧地)에서의 이동이나 전쟁 시의 이동 등에 활용되기 시작했지요.

여기서 설명할 '무한궤도'를 뜻하는 영어인 '캐터필러(caterpillar)'는 무한궤도 바퀴를 개발하고 상용화한 회사의 이름을 딴 것입니다.

기술적으로 주의해야 할 점들이 있습니다.

1) 무한궤도의 동작 원리가 포인트지요. 서로 연결되는 부위에 신경을 써야 합니다. 굴러가기 시작할 때 힘을 받아야 하니까요.

2) 무한궤도의 내구 바퀴의 구성입니다. 양쪽 끝에 있는 바퀴의 크기가 커서 안정성을 더하게 되지요.

3) 무한궤도를 이용한 안정적 주행입니다. 위에서도 언급했지만 길이 아닌 곳에서 다니려면 충격을 완화하는 것도 필요하고, 깨지지 않는 안정성도 중요합니다.

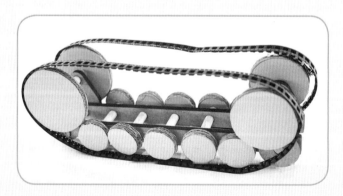

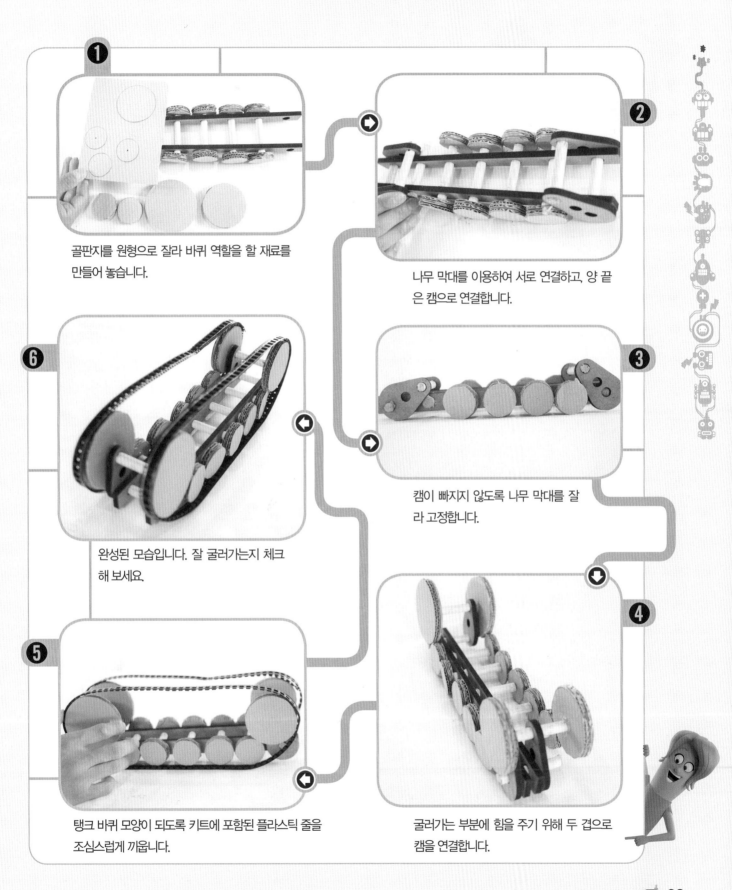

① 골판지를 원형으로 잘라 바퀴 역할을 할 재료를 만들어 놓습니다.

② 나무 막대를 이용하여 서로 연결하고, 양 끝 은 캠으로 연결합니다.

③ 캠이 빠지지 않도록 나무 막대를 잘 라 고정합니다.

④ 굴러가는 부분에 힘을 주기 위해 두 겹으로 캠을 연결합니다.

⑤ 탱크 바퀴 모양이 되도록 키트에 포함된 플라스틱 줄을 조심스럽게 끼웁니다.

⑥ 완성된 모습입니다. 잘 굴러가는지 체크 해 보세요.

기계손(Machine Hands)

내 손에 힘을 더한다!

💬 기계손이 있었다면 후크 선장이 과연 피터 팬에게 졌을까요?

로봇 영화가 등장하면서 사람들에게 불멸의 힘에 대한 염원이 생겼는지도 모릅니다. 로봇 속에 들어가서 움직이고 내 움직임을 그대로 재현해 주는 것들을 보면서, 왠지 내 힘도 세어지는 것 같은 착각을 가지게도 되었었지요.

흥미로운 것은 로봇이나 기계의 발달이 신체의 일정 부분에 장애를 가진 사람들에게는 매우 유용하다는 것입니다. 예전에는 다리가 불편하면 목발을 짚었어야 했고 불편한 걸음을 걸을 수밖에 없었지만, 기계와 로봇의 발달로 이제는 불편함 없이 걸을 수도 있게 되었지요.

손도 마찬가지입니다. 사람의 손 모양 그대로 만든 기계손들이 장애를 가진 분들에게 불편함 없는 손의 움직임을 선물하고 있고, 최근에는 그 안에 신경 선까지 같이 넣어서 실제로 뇌의 지시를 받도록 하는 수준에 이르고 있지요.

기술적으로 주의해야 할 점들이 있습니다.

1) 마디를 만들 때 실제 자신의 손을 보며 유사하게 만들어야 합니다. 손의 마디는 굽히는 것과 관련된 중요한 부분이지요. 완전히 접힐 수 있도록 하는 것이 중요한데, 카드 보드지(골판지)의 경우 자로 꾹꾹 눌러 주면 됩니다.

2) 손등 부분에 힘을 받을 수 있도록 받침대를 덧붙여 주세요. 손과 연결된 기계손이 힘을 받기 위해서는 여러분들의 팔과 강하게 연결되어 있어야 합니다. 그러기 위해서 손등 부분에 받침대를 잘 덧붙여 주세요.

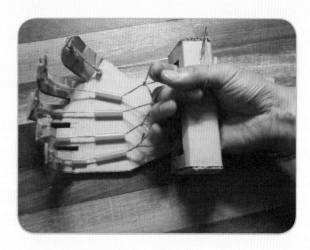

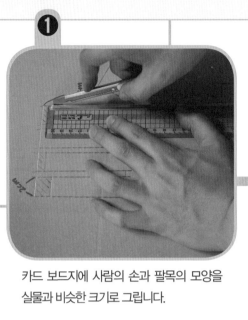

카드 보드지에 사람의 손과 팔목의 모양을
실물과 비슷한 크기로 그립니다.

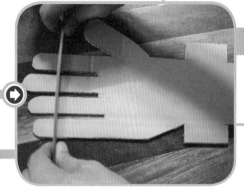

손과 팔목의 모양대로 자른 후, 손마디 부분
을 자로 꾹꾹 눌러 줍니다.

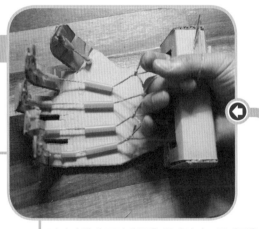

손목 부분에 지지대를 붙이고, 가운
데에 구멍을 뚫어 본인의 손이 통과
할 수 있게 합니다.

크기와 모양이 똑같은 빨대를 준비합니다.

손가락 마디마디와 손목 부분을 연결할 수 있도록 빨대
를 배치하고, 글루건 또는 테이프로 고정시킵니다.

각각의 빨대 구멍에 끈을 통과시키고 끝매듭을 지어
사진과 같이 본인의 손가락에 끼우면 완성됩니다.

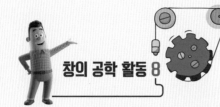

로봇(Robot)
그 자유로운 움직임을
내가 조종한다.

로봇이라는 말은 '일하다.'라는 뜻을 가진 체코어 로보타(robota)에서 유래된 말입니다.

'힘든 일을 대신 해 줄 수 있는 것이 없을까?', '일을 조금 더 빠르고 정교하게 할 수는 없을까?'와 같은 인간의 끝없는 상상 속에서 태어난 것이 로봇이지요.

사람들은 로봇에 대해 꿈만 꾼 것이 아니라 실제로 만들기도 했습니다. 프랑스의 발명가가 만든 '기계 오리', 우리나라의 과학자 장영실이 만든 물시계 '자격루' 등이 있고, 최근 만들어진 인간의 모습을 닮은 지능형 로봇 휴머노이드 '휴보'도 있지요.

사람들마다 로봇에 대한 생각은 다르지만 꼭 한 가지 갖추어야 할 조건이 있습니다. 바로 자동 장치로 움직여야 한다는 것입니다. TV를 보면 로봇들이 서로 대결하는 프로그램이 있는데 사실 이것들은 로봇이라고 볼 수 없습니다. 사람들이 원격 조종기를 이용해서 제어하는 것을 로봇이라고 할 수 없기 때문이지요.

반면에 사람처럼 생기지는 않았지만 스스로 방향을 바꿔 가며 자동으로 청소하는 청소 로봇은 로봇이라고 할 수 있습니다.

기술적으로 주의해야 할 점들이 있습니다.

1) 무엇을 움직이려고 하는지 명확히 해야 합니다. 아래 작품은 다리가 움직이는 로봇입니다. 그렇지만 손과 팔을 만들어서 달게 되면, 손과 팔이 움직이겠지요? 무엇을 움직이게 하려고 하는지가 명확해야 합니다.

2) 무게의 균형이 맞아야 합니다. 모터와 도르래, 건전지의 무게 균형이 맞지 않으면 로봇은 절뚝이며 넘어지게 됩니다. 고정시키기 전에 무게가 한쪽으로 쏠리지 않았는지 확인해 주세요.

①

카드 보드지를 이용하여 위에 제시된 모양대로
자릅니다.

②

긴 조각과 도르래를 조심스럽게 연결하고,
모터도 연결합니다.

⑥

머리, 눈 등을 붙여 모양을 내면 간단하
게 만든 로봇이 됩니다.

③

모터를 연결하였습니다. 스위치를 연
결하기 전의 모습입니다.

⑤

다리 모양의 카드 보드지를 접어 측면 막대에 연결하고
다시 스위치를 켜서 움직임이 적절한지 확인합니다.

④

스위치를 연결한 후 잘 움직이는지, 다른 문
제점은 없는지 확인합니다.

텐세그리티(Tensegrity)
밀고 당기기가 이루어 낸 새로운 건축 바람

전통적인 건물의 역할은 사람이나 동물이 안정감을 가지게 하고 물건을 안전하게 보관하는 것이었습니다.
그러다가 공간의 예술과 만나면서 아름다움을 강조하는 새로운 양식들이 쏟아지게 되었지요. 하지만 이러한 건축물들은 규모가 커질수록 건물의 안정화에 문제가 발생하여 계속적으로 더 크고 단단한 재료가 지면과 닿아 있어야 했고, 이는 건축의 한계로 여겨졌습니다.

1962년, 버크민스터 풀러와 그의 제자 스넬슨은 처음으로 텐세그리티 구조를 미국 특허로 등록하고 이와 같은 발상을 깨기 시작합니다. 텐세그리티(Tensegrity)는 인장(Tension)과 구조적 안정(Structure Integrity)의 합성어로 긴장 상태의 안정 구조를 말합니다. 즉, 주축을 이루는 막대 구조체와 이 구조체에 달린 줄을 이루는 케이블들이 서로 밀고 당기며 힘이 분산되어 구조체를 안정하게 유지시켜 주는 구조입니다.

막대 구조체는 누르는 힘인 압축력을 받고 케이블 줄은 당기는 힘인 인장력을 받게 되는데, 이 두 힘이 한쪽으로 기울지 않고 평형을 이루게 되어 안정적으로 서 있는 모습에서 우리는 건축에서 이루어 낸 밀당의 힘을 느낄 수 있습니다. 더욱이, 구조를 보면 속이 꽉 찬 대부분의 구조에 비해 공간을 이루거나 채우는 부재(部材) 수가 적음을 알 수 있는데, 안이 비어 있으니 무게도 적게 나가고 추가로 케이블 줄을 활용한 탄성을 가지고 있어 지진이나 진동에 잘 대응할 수 있는 구조입니다. 떠 있는 듯한 아름다움을 가진 것은 덤이지요.

다만 막대 구조체나 케이블 중 하나라도 이상이 있을 경우 한꺼번에 무너질 수 있다는 불안감과 부재가 공중에 떠 있다는 점은 시공상의 어려움을 주고 있습니다.

기술적으로 주의해야 할 점들이 있습니다.

1) 힘의 균형을 맞추어 연결해야 합니다. 탄성을 이용해서 구조물을 만드는 것이므로 힘의 균형에 신경을 써야 합니다. 서로 연결할 때 친구의 도움이나 내 신체 일부(예 발가락)의 도움을 받아 균형을 맞추어 연결하세요.

2) 기초적인 다각형을 만들 때 양쪽이 유사해야 합니다. 기초적인 다각형을 만들고 나면, 그 다음에는 서로 연결만 잘 하면 됩니다. 처음에 기초적인 다각형을 만들 때 양쪽이 유사하도록 신경을 쓰고, 연결해 주세요.

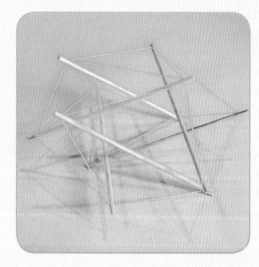

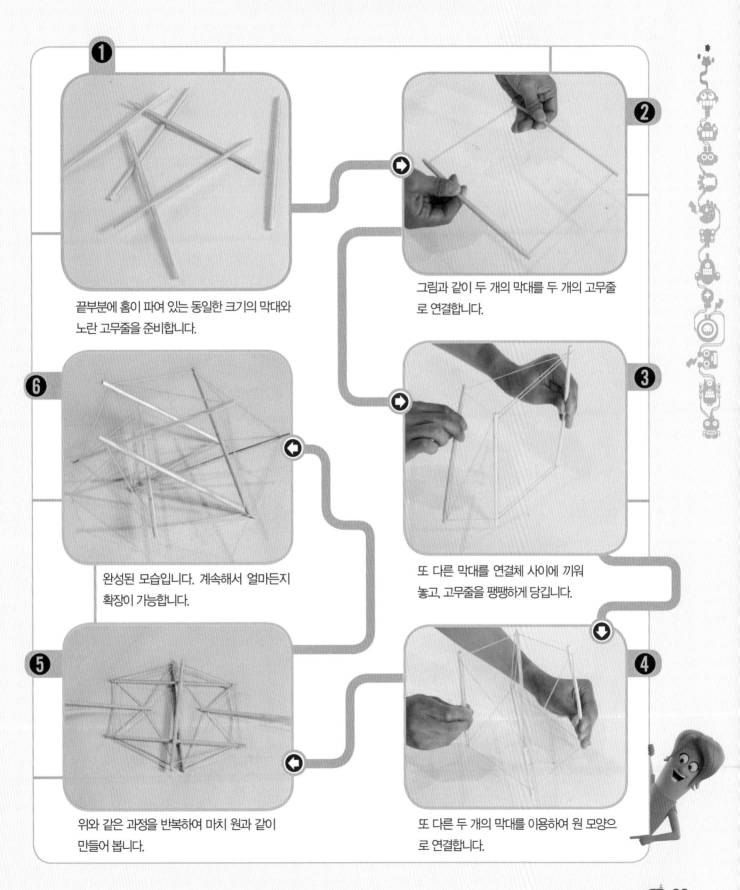

① 끝부분에 홈이 파여 있는 동일한 크기의 막대와 노란 고무줄을 준비합니다.

② 그림과 같이 두 개의 막대를 두 개의 고무줄로 연결합니다.

③ 또 다른 막대를 연결체 사이에 끼워 놓고, 고무줄을 팽팽하게 당깁니다.

④ 또 다른 두 개의 막대를 이용하여 원 모양으로 연결합니다.

⑤ 위와 같은 과정을 반복하여 마치 원과 같이 만들어 봅니다.

⑥ 완성된 모습입니다. 계속해서 얼마든지 확장이 가능합니다.

상호 지지 구조(Reciprocal Frame)
서로 기대어 한 세상 살아 보자!

어딘가 들어갈 수 있는 곳을 좋아했던 것 같습니다. 어릴 적 놀이를 할 때면 식탁 밑도 좋고, 침대 밑도 좋고, 장롱 속도 좋았던 것 같습니다. 인간에게는 어쩌면 다소 폐쇄적인 공간이 좋은지도 모르겠습니다. 그러면서도 열려 있어서 하늘이 보여야 하고 친구가 보여야 하지요. 아마도 놀이터의 정글짐은 그런 곳이었을 것입니다. 이와 유사하게 우리는 돔(Dome)을 이해할 수 있습니다.

돔은 그저 동그란 구조물이 아닙니다. 서로 의지하며 얽혀 있는 조각들이 힘을 나누어 가져서 지탱하는 것이지요. 이런 것을 상호 지지 구조(Reciprocal Frame)라고 합니다. 상호 지지 구조는 재료들이 서로 엮이고 지지하면서 만들어지는 구조로서 전 세계의 교육 현장에서 많이 다루어지고 있는 주제입니다.

종이 관이나 대나무, 각재, 발대, 연필 등 크고 작은 다양한 부재를 연령에 맞추어 사용할 수 있습니다. 나무 젓가락도 가능합니다.

기술적으로 주의해야 할 점들이 있습니다.

1) 연결할 때, 서로가 서로의 받침이 된다는 생각으로 연결하세요. 삼각형을 중심으로 육각형과 삼각형이 교차하면서 배열된 점에 주의해서 연결합니다. 그리고 그 육각형을 중심으로 다시 삼각형이 배열됩니다.

2) 머릿속에 돔 구조를 떠올리면서 작업합니다. 돔을 생각해 보세요. 사람들은 대부분 상호 지지 구조를 다리로 연습하지만, 오히려 돔이 여러분들의 수학적 사고를 도울 것입니다. 하나의 규칙을 몸으로 익히면 그 다음부터는 쉽답니다.

①

먼저 아이스크림 막대로 오각형을 만듭니다. 이때 막대를 그림처럼 배치합니다.

②
오각형의 모든 면에 두 번째 막대를 그림처 럼 얹어 놓습니다.

⑥

완성된 모습입니다.

③

다섯 개의 접촉면에 세 번째 막대를 얹어 작은 네모 다섯 개를 만듭니다.

⑤

작은 네모 다섯 개가 완성되었는지 확인하고, 뻗어 있는 세 번째 막대로 삼각형을 만듭니다.

④

작은 네모 다섯 개를 만들면서 구조물이 살 며시 솟는지 확인합니다.

여기는 BRAINERY 입니다.

빵은 **베이커리(bakery)**에서,
와인은 **와이너리(winery)**에서 만들어집니다.
그리고 인재(brain)는
브레이너리(BRAINERY)에서 키워집니다.

바야흐로 4차 산업 혁명의 시대입니다. 사람들은 그저 로봇의 시대가 왔고, 인공지능으로 인해 사람들의 일자리가 점차 사라져 간다고만 합니다. 과연 그럴까요? 오히려 인간만이 할 수 있는 영역을 선택하고, 이에 집중할 수 있는 시대가 되었다고 보는 것이 더 정확합니다. 그래서 브레이너리는 인간만이 가진 능력, 바로 **메이킹(making)과 크리에이팅(creating)에 집중합니다.** 암기로 축적한 지식이나 정해진 방법을 통한 문제 해결은 더 이상 유용하지 않으니까요.

브레이너리는 모든 개인이 인재(人才)임을 인정합니다. 연령이나 성적에 상관없이 모든 개인은 인재입니다. 누구나 자신만의 재능과 잠재력을 가지고 있습니다. 브레이너리는 이 점에 착안하여 미래를 바라봅니다. **교육과 학습을 새로운 관점에서 디자인합니다.**

경험과 도전이 가장 소중한 학습이며, 문제 해결 능력이 미래를 살아갈 가장 중요한 역량이라고 생각합니다.

브레이너리는 첫째, 많은 학생들에게 멋진 내용을 전달하기보다는 학생 한 사람 한 사람에게 집중하고, 그들의 이야기를 먼저 듣고, 그 호기심과 생각하는 바를 밖으로 표현하도록 돕고자 합니다. 모든 사람들은 자신만의 재능을 가지고 있기 때문이지요.

둘째, 학년이라는 기준으로 모든 과목, 모든 영역의 수준을 맞추기보다는 학생 개개인의 능력에 따라 각 과목별, 각 영역별로 수준에 맞는 프로젝트를 진행합니다. 학생들을 만나기 전에 계획하거나 준비한 교육 내용이라 하더라도, 학생들을 만나 활동하면서 학생의 수준에 맞도록 프로젝트를 조정하고 개별화합니다.

셋째, 가르치는 성인들도 함께 연구할 수 있고 함께 배울 수 있는 문제를 제시합니다. 미래 지향적 문제 해결을 함께 경험합니다. 정해져 있는 정답을 원하지 않고, 문제가 항상 변하듯 해결 방안도 항상 창의적이고 새로워야 한다고 생각하기 때문입니다.

브레이너리는 불확실성을 두려워하지 않으며, 나아가 학생들에게도 불확실성을 두려워하지 않도록 지도합니다. 불확실성은 불안과 두려움의 대상이 아니라, 넘어서고 싶은 산이고 점령하고 싶은 땅이어야 하기 때문입니다. 또한, 학생들이 늘 새로운 도전과 변화를 긍정적으로 받아들이고, 불확실한 미래를 헤치고 나갈 수 있는 역량을 키우도록 돕습니다. 그래서 브레이너리는 학생들 앞에 겸손하고자 합니다. 학생들의 말 한 마디 한 마디를 놓치지 않으려고 합니다. 입보다는 귀를 많이 사용하려고 합니다.

브레이너리는 학생들과의 활동을 즐겨 합니다. 창의 교육 프로그램 및 매뉴얼 개발, 도서 출판, 창의 교육 활동 키트의 개발 및 제작, 교사 교육 프로그램 개발 및 운영, 그리고 창의 융합 센터 위탁 운영 등의 활동을 하고 있습니다. 브레이너리는 학생들을 대상으로 다양한 검사와 평가를 개발하여 시행하고 있습니다. 특정한 기준에 맞는지, 맞지 않는지를 알기 위해서가 아니라 각 학생들이 가진 개별적 강점을 알고 싶고, 알려 주고 싶기 때문입니다.

"학생들에게 미래는 희망이고 기대이고 신나게 놀 마당입니다."

찾아보기

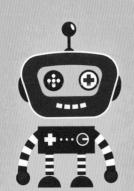

지은이 소개

정종욱
고려대학교 경영학과(학사, 석사, 박사)
이러닝 전문 기업인
(전) 디유넷 대표이사, 이러닝산업협회 부회장, 뉴질랜드 GECKO Solution CIO
　　　고려사이버대학교 경영학부 교수 및 융합정보대학원장
(현) 브레이너리 대표, 교육부 첨단미래학교 자문위원 및 경기도교육연수원 미래교육 강사

민성혜
연세대학교 사회학과(학사), 연세대학교 사회복지학과(석사),
이화여자대학교 교육대학원 유아교육전공(석사), 연세대학교 아동가족학과(박사)
(전) 숲속유치원 부원장, 남서울대학교 아동복지학과 조교수, 고려사이버대학교 아동학과 부교수,
　　　연아아동가족상담소장, 소명프로젝트교사연구소장
(현) 브레이너리 부대표

양해인
(전) TLBU GLOBAL SCHOOL (PBL 담당교사)
　　　메가스터디 초중등학습 컨설턴트
(현) 브레이너리 선임연구원

프로젝트 학습을 위한

디자인 싱킹과 창의 공학

초판 인쇄 2017년 8월 20일
초판 발행 2017년 8월 25일

지은이　정종욱, 민성혜, 양해인
펴낸이　양진오
펴낸곳　㈜교학사
디자인　비쥬얼로그
편 집　이영민, 김예나

등 록　제18-7호(1962년 6월 26일)
주 소　서울특별시 금천구 가산디지털1로 42(공장)
　　　　　서울특별시 마포구 마포대로 14길 4(사무소)
전 화　편집부 (02)707-5238, 영업부 (02)707-5150
팩 스　(02)707-5250
홈페이지　www.kyohak.co.kr